Educação a distância sem segredos

Educação a distância sem segredos

Rita de Cássia Menegaz Guarezi
Márcia Maria de Matos

Rua Clara Vendramin, 58 . Mossunguê
CEP 81200-170 . Curitiba . PR . Brasil
Fone: (41) 2106-4170
www.intersaberes.com
editora@intersaberes.com

Conselho editorial Dr. Alexandre Coutinho Pagliarini; Dr.ª Elena Godoy; Dr. Neri dos Santos; Dr. Ulf Gregor Baranow
Editora-chefe Lindsay Azambuja
Gerente editorial Ariadne Nunes Wenger
Assistente editorial Daniela Viroli Pereira Pinto
Análise de informação Silvia Mara Hadas
Revisão de texto Monique Gonçalves
Capa Denis Kaio Tanaami
Projeto gráfico e ilustrações Bruno Palma e Silva
Diagramação Regiane de Oliveira Rosa
Iconografia Danielle Scholtz

Dados Internacionais de Catalogação na Publicação (CIP)
(Câmara Brasileira do Livro, SP, Brasil)

Guarezi, Rita de Cássia Menegaz
 Educação a distância sem segredos [livro eletrônico] / Rita de Cássia Menegaz Guarezi, Márcia Maria de Matos. — Curitiba: InterSaberes, 2012.
 2 Mb;PDF
 Bibliografia.
 ISBN 978-85-8212-321-8
 ISBN 978-85-8212-322-5

 1. Educação a distância I. Matos, Márcia Maria de. II. Título.
 1. Educação a distância I. Matos, Márcia Maria de. II. Título.

12-09214	CDD-371.35
12-09213	CDD-371.35

Índices para catálogo sistemático:
1. Educação à distância 371.35

1ª edição, 2012.
Foi feito o depósito legal.

Informamos que é de inteira responsabilidade das autoras a emissão de conceitos.

Nenhuma parte desta publicação poderá ser reproduzida por qualquer meio ou forma sem a prévia autorização da Editora InterSaberes.

A violação dos direitos autorais é crime estabelecido na Lei n. 9.610/1998 e punido pelo art. 184 do Código Penal.

Sumário

Apresentação, 11

Introdução, 13

Capítulo 1
Educação a distância (EaD): conceitos, características e perspectivas, 15

1.1 Conceituação, 18

1.2 Características da EaD, 20

Capítulo 2
Evolução histórica da EaD, 25

2.1 Conhecendo a gênese da EaD
e a sua evolução histórica no mundo, 28

2.2 A EaD a partir da década de 1960, 29

2.3 A EaD a partir da década de 1990, 31

2.4 A EaD no Brasil, 34

Capítulo 3
Fundamentos educacionais, 43

3.1 Conhecimento: o que significa?, 46

3.2 Concepções educacionais e suas teorias de aprendizagem, 49

3.3 Aprendizagem do adulto, 72

Capítulo 4
Educação bimodal e EaD, 83

4.1 Modelos educacionais, 86

Capítulo 5

Os diferentes meios utilizados na EaD, 95

5.1 Categorias de meios, 98

Capítulo 6

Processos para implantação de EaD, 111

6.1 A elaboração da proposta pedagógica, 114

6.2 O processo de comunicação e a interação, 116

6.3 Sistema de preparação e acompanhamento, 118

6.4 Processos de desenvolvimento e operação, 121

6.5 A mediação pedagógica, 122

6.6 Definição do processo de avaliação, 124

Considerações finais, 129

Glossário, 133

Referências, 137

Sobre as autoras, 145

Este livro é dedicado a todas as pessoas que acreditam na educação como força propulsora de paz e de harmonia entre os povos.

"Uma Escola para seres livres, dedicada a descobrir a unicidade de cada indivíduo, uma Escola de responsabilidade não pode ser de massa. A educação em massa é uma contradição nos próprios termos: se é em massa não é educação; e se é educação não pode ser em massa."

Stefano Elio D'Anna, 2007

Apresentação

Se você está lendo esta página é porque tem alguma identidade com o tema deste livro. Talvez queira se iniciar no tema por mera curiosidade ou apenas para saber o que mais podemos acrescentar ao que você já sabe. Não importa qual seja o seu objetivo, desejamos que sua leitura seja bastante agradável e produtiva.

Você vai encontrar informações sobre conceitos e características da educação a distância (EaD) logo no primeiro capítulo e poderá refletir sobre o tema, construindo um novo conhecimento ou ampliando o que você já sabe.

Mais adiante, no segundo capítulo, vai saber sobre a evolução da EaD ao longo do tempo e sobre as perspectivas futuras. Já no terceiro capítulo, serão apresentados os fundamentos e as concepções educacionais.

As modalidades de EaD estão no capítulo quatro, seguidas dos meios utilizados e dos processos de implantação de EaD, nos capítulos cinco e seis.

Pode ser que você leia na ordem em que o livro foi escrito, mas pode ser que você prefira ler os capítulos alternadamente. A decisão é sua, mas valerá a pena ler todo o conteúdo e refletir sobre a oportunidade que a EaD está oferecendo aos milhares de pessoas que não dispõem de condições para frequentar o ensino presencial.

Temos certeza de que este livro será um incentivo à sua participação no mundo da EaD, quer no papel de professor, quer no papel de aluno de um dos muitos cursos disponíveis nas diversas instituições de ensino, ou apenas como cidadão na sociedade do século XXI, conhecedor das novas possibilidades de aprendizagem.

Introdução

Vamos conhecer um pouco sobre EaD, elaborando conceitos, revendo o caminho histórico, relembrando as concepções educacionais e visitando os diferentes meios utilizados para essa modalidade.

Será interessante descobrir que há um novo caminho para a aprendizagem, ancorado em tecnologias, que supera tantos quantos houve no passado, pois nos ambientes da *web* reúnem-se alternativas de comunicação, colaboração, compartilhamento e interatividade como nunca se experimentou antes.

É sempre muito bom refletir sobre nosso papel nesse contexto, sabendo que, na sociedade atual, denominada *sociedade do conhecimento*, cada um de nós precisará manter-se aluno, continuadamente, pois aprender é a condição do homem do século XXI. E que, quando aprendemos, de alguma forma estamos também ensinando, principalmente ao frequentarmos os ambientes da internet, sejam as redes sociais, sejam as comunidades virtuais.

Use este livro como um companheiro na jornada de construção de seu entendimento sobre o que é a EaD nesse momento histórico que você está ajudando a construir. Asseguramos que é um trajeto apaixonante!

Capítulo 1

Educação a distância (EaD): conceitos, características e perspectivas

Você que está buscando saber mais sobre EaD está no caminho certo. Neste capítulo, vamos viajar um pouco da gênese dos conceitos de EaD aos conceitos mais atuais. Você observará o que mudou e o que não mudou e ainda o que evoluiu. Mas não é só isso, pois também temos a apresentação de importantes características da EaD, as quais organizamos em três categorias. Esperamos que, neste momento, você esteja com aquela vontade de saber mais!

1.1 Conceituação

São diversos os conceitos atribuídos à EaD. A maioria das definições encontradas para a EaD é de caráter descritivo, com base no ensino convencional, destacando, para diferenciá-las, a distância (espaço) entre professor e aluno e o uso das mídias. Para que você possa construir seu próprio conceito, selecionamos a definição de alguns autores para essa modalidade educacional:

Quadro 1 – Definições de EaD

Autor	Definição
Dohmem (1967)	EaD é uma forma sistematicamente organizada de autoestudo, na qual o aluno se instrui a partir do material de estudo que lhe é apresentado. O acompanhamento e a supervisão do sucesso do estudante são levados a cabo por um grupo de professores. Isso é possível pela aplicação de meios de comunicação capazes de vencer longas distâncias.
Peters (1973)	Educação/ensino a distância é um método racional de partilhar conhecimento, habilidades e atitudes, tanto por meio da aplicação da divisão do trabalho e de princípios organizacionais, quanto pelo uso extensivo de meios de comunicação, especialmente para o propósito de reproduzir materiais técnicos de alta qualidade. Estes tornam possível instruir um grande número de estudantes ao mesmo tempo, enquanto esses materiais durarem. É uma forma industrializada de ensinar e aprender.
Moore (1973)	EaD pode ser definida como a família de métodos instrucionais em que as ações dos professores são executadas à parte das ações dos alunos, incluindo aquelas situações continuadas que podem ser feitas na presença dos estudantes. Porém a comunicação entre o professor e o aluno deve ser facilitada por meios impressos, eletrônicos, mecânicos ou outros.

(continua)

Holmberg (1977)	A expressão *educação a distância* esconde-se sob várias formas de estudo, nos vários níveis que não estão sob a contínua e imediata supervisão de tutores presentes com seus alunos nas salas de leitura ou no mesmo local. A EaD se beneficia do planejamento, da direção e da instrução da organização do ensino.
Keegan (1991)	Keegan extrai alguns elementos centrais que, para ele, contribuem para a conceituação da EaD: › separação física entre professor e aluno, que a distingue do ensino presencial; › influência da organização educacional (planejamento, sistematização, plano, organização dirigida etc.), que a diferencia da educação individual; › utilização de meios técnicos de comunicação para unir o professor ao aluno e transmitir os conteúdos educativos; › previsão de uma comunicação de mão dupla, na qual o estudante se beneficia de um diálogo e da possibilidade de iniciativas de dupla via; › possibilidade de encontros ocasionais com propósitos didáticos e de socialização.
Romiszowski (1993)	EaD é qualquer metodologia de ensino que elimina as barreiras da comunicação criadas pela distância ou pelo tempo.
Aretio (1994)	EaD é um sistema tecnológico de comunicação bidirecional que substitui a interação pessoal, em sala de aula, entre professor e aluno como meio preferencial de ensino pela ação sistemática e conjunta de diversos recursos didáticos e pelo apoio de uma organização tutorial, de modo a propiciar a aprendizagem autônoma dos estudantes.
Chaves (1999)	A EaD, no sentido fundamental da expressão, é o ensino que ocorre quando o ensinante e o aprendente estão separados (no tempo ou no espaço). No sentido que a expressão assume atualmente, enfatiza-se mais a distância no espaço e se propõe que ela seja contornada pelo uso de tecnologias de telecomunicação e de transmissão de dados, voz e imagens (incluindo dinâmicas, isto é, televisão ou vídeo). Não é preciso ressaltar que todas essas tecnologias, hoje, convergem para o computador.

(Quadro 1 – continua)

(Quadro 1 – conclusão)

Ministério da Educação, Decreto nº 5.622/2005	Em dezembro de 2005, a EaD foi regulamentada pelo Decreto nº 5.622 que caracterizou "a EaD como modalidade educacional na qual a mediação didático-pedagógica nos processos de ensino e aprendizagem ocorre com a utilização de meios e tecnologias de informação e comunicação, com estudantes e professores desenvolvendo atividades educativas em lugares ou tempos diversos".

Fonte: Adaptado de NUNES, 2008; CHAVES, 1999; GOMES, 2000; BRASIL, 2005.

Fazendo uma análise nos conceitos apresentados na forma evolutiva, percebemos que eles mantêm em comum a separação física entre o professor e o aluno e a existência de tecnologias para mediatizar a comunicação e o processo de ensino-aprendizagem.

Porém destacamos que o conceito evolui no que se refere aos processos de comunicação, quando os modelos educacionais identificam a importância da interação entre os pares para a aprendizagem e a EaD passa a ter mais possibilidades tecnológicas para efetivar essa interação.

Ao estudar a evolução histórica da EaD, na próxima unidade temática, você entenderá melhor como os processos de comunicação entre os alunos e entre alunos e professores se modificam e se intensificam no decorrer dessa evolução.

Mas nossa discussão conceitual não termina aqui. Assim, para contribuir com a construção do seu conceito, vamos discutir a seguir as principais características da EaD.

1.2 Características da EaD

Como falamos, o estudo das características vai contribuir para que você aprofunde sua compreensão sobre a EaD. Ao realizar essa leitura, você começará a perceber que as características da EaD podem ser organizadas sob o aspecto da autonomia, da comunicação ou do processo tecnológico.

1.2.1 Aspectos da autonomia

A seguir, veremos detalhadamente os aspectos que cercam a autonomia em EaD.

Autonomia

Na EaD, a **autonomia** do aluno se destaca em diferentes situações. Entre elas o fato de definir o melhor horário para seu estudo, o melhor local e estudar de acordo com seu ritmo e seu estilo de aprender.

Essa característica também é fortalecida pelo fato de o aluno ter de gerenciar mais seu aprendizado. Duffy e Jonassen (1992) dizem que "o controle do aprendizado é realizado mais intensamente pelo aluno do que pelo instrutor distante".

A autonomia e a independência de aprendizagem do aluno adulto são certamente fortes características da EaD. Para os autores, "os adultos encontram-se capacitados para decidirem sobre o que querem aprender e em que ritmo desejam fazê-lo."

Público-alvo predominantemente adulto

Os alunos da EaD caracterizam uma clientela diferenciada. Trata-se na sua maioria de adultos. Peters (2001) afirma que a idade média dos alunos situa-se entre 20 e 30 anos e que é comum não ter limite acima de 30 anos. Nesse sentido, os **princípios da andragogia** (veremos esses princípios no capítulo 3) tornam-se relevantes nas práticas pedagógicas de cursos a distância.

Autoaprendizagem

A EaD baseia-se em materiais didáticos que facilitem a mediatização dos conhecimentos, promovendo a autoaprendizagem. Esses materiais, conforme Lagarto (1994), são elaborados por especialistas com o objetivo de favorecer uma aprendizagem eficaz. Do ponto de vista da preparação desses materiais, há uma diferença fundamental entre a educação presencial e a EaD. Nesse último caso, é importante que os materiais sejam preparados por equipes multidisciplinares ou transdisciplinares que incorporem nos instrumentos pedagógicos escolhidos as técnicas mais adaptadas para a autoinstrução, tendo em vista que o processo de aprendizagem deve se dar com uma pequena participação de apoios externos. O centro do processo de ensino passa a ser o estudante (Armengol, 1987).

1.2.2 Aspectos da comunicação

Como um complemento aos aspectos da autonomia, temos aqueles relacionados à comunicação, conforme a seguir:

Processo de comunicação

O **processo de comunicação** também é uma característica que diferencia a EaD, já que a comunicação é sempre mediatizada e pode ocorrer de forma síncrona e assíncrona.

Uma vez que professor e aluno não se encontram juntos no mesmo espaço físico, é necessário o uso de meios que possibilitem a comunicação entre ambos. São diversos os meios que podem servir como canal de comunicação: meios síncronos, como *chats*, webconferências, aúdio conferências e telefone, e também assíncronos, como correspondência postal, correspondência eletrônica, fórum etc.

Mattar Neto (2002) reforça nossa afirmação quando diz que a comunicação é um aspecto em que a EaD difere da modalidade presencial, pois "o aprendizado se dá sem que, no mesmo instante, os personagens envolvidos estejam participando da atividade."

Dispersão geográfica

As turmas de cursos a distância tendem a ter alunos de diversos locais, uma vez que não se limita a um espaço físico. Rumble e Oliveira (1992) reforçam dizendo que a EaD atende, "em geral, a uma população estudantil dispersa geograficamente e, em particular, àquela que se encontra em zonas periféricas, que não dispõe das redes das instituições convencionais."

Flexibilização

A EaD possui flexibilidade de acesso, de horário, de local de estudo, enfim, de múltiplas possibilidades oferecidas pela EaD, por não ser um modelo rígido, embora sempre baseado em um projeto educacional.

Larga escala

Após o curso preparado e adequadamente destinado ao público-alvo, torna-se conveniente e economicamente interessante utilizá-lo para um grande número de estudantes. Porém é importante lembrar que, para atender em larga escala, além do conteúdo, é preciso equipe para promover as interações com os alunos e entre os alunos.

1.2.3 Aspectos do processo tecnológico

Vejamos os aspectos relacionados à tecnologia, os quais são tão importantes quanto os demais:

Mediatização

Como professor e aluno não se encontram face a face, faz-se necessária a mediatização dos conhecimentos. Para isso, diversas tecnologias são colocadas à disposição dos alunos e dos professores para facilitar a comunicação multidirecional e o acesso aos conteúdos. Com a evolução tecnológica e novas propostas metodológicas na EaD, houve um ganho valoroso na mediatização. Hoje, professores e alunos contam com diversos mecanismos de contato e com muito mais recursos didáticos para trabalharem os conteúdos. Já em 1987, Armengol ressaltava que, com o desenvolvimento da internet, as fronteiras da EaD se expandiram. Elas podem reunir num só meio de comunicação as vantagens dos diferentes modos de se comunicar informações e ideias, de forma cada vez mais interativa, reduzindo-se custos e ampliando as possibilidades de autodescobrimento, por meio, principalmente, do uso de milhares de opções de buscas de informações na grande rede mundial.

Custos decrescentes

A EaD, quando aliada à larga escala, tem custos menores para a instituição e consequentemente para o aluno. Para cursos pagos, o não-deslocamento também é um fator que diminui os custos para o aluno.

Porém você deve saber que, para a instituição, o desenvolvimento dos materiais didáticos adequadamente elaborados para esse estudo é mais caro, pois exige uma equipe multidisciplinar para essa concretização. Envolve professor, *designer* pedagógico e equipe de produção. Além disso, há de se considerar os custos de distribuição e de transmissão. Nesse sentido, Armengol (1987) reforça que o custo da EaD é geralmente mais baixo, "sempre e quando a população estudantil a ser atendida for suficientemente grande."

Bem, nossa intenção foi mostrar para você as principais características da EaD. Para finalizar, queremos dizer que, para compreender essa modalidade de ensino, você deve perceber a necessidade de um novo espaço de aprendizagem para o aluno, pois o processo de ensino-aprendizagem ocorre em situações não-convencionais, ou seja, em espaço e tempo diversos. Dessa forma, copiar metodologias do ensino convencional ou mesmo utilizar seus recursos didáticos sem readequação à EaD é se direcionar contra as características dessa modalidade de ensino.

Esperamos que agora você já esteja compreendendo mais sobre essa modalidade de ensino.

Capítulo 2

* *O capítulo 2 possui trechos extraídos da dissertação de mestrado da autora Rita de Cássia Menegaz Guarezi.*

Evolução histórica da EaD*

Neste capítulo, você terá a oportunidade de fazer mais uma viagem. Agora, será pela evolução histórica da EaD. Você terá oportunidade de conhecer as principais experiências dessa modalidade educacional desde a sua gênese. Entender o passado faz com que compreendamos o presente e possamos vislumbrar o futuro. Por isso, poderíamos falar somente das experiências contemporâneas, mas se o fizéssemos você não teria a chance de visualizar e de compreender essa evolução histórica. E, então: vamos viajar no tempo?

2.1 Conhecendo a gênese da EaD e a sua evolução histórica no mundo

O período de 1728, quando surgiu a primeira experiência em EaD, até meados de 1970, foi considerado como a primeira geração da EaD. Caracterizada por estudos por correspondência nos quais o principal meio de comunicação eram materiais impressos, geralmente em forma de guia de estudos, com tarefas e outros exercícios enviados pelo correio, proporcionava pouquíssima possibilidade de interação entre aluno e instituição produtora, limitando-se aos momentos de exames previstos.

Nesse período, e tendo seu auge na década de 1920, o fordismo era o modelo dominante do capitalismo. Segundo Harvey (1993), esse modelo industrial propunha produção de massa para mercados de massa e se baseava em três princípios:

» baixa inovação dos produtos;
» baixa variabilidade dos processos de produção;
» baixa organização de trabalho.

Nessa época, as iniciativas educacionais eram voltadas para atender principalmente às necessidades desse modelo industrial, numa lógica positivista.

Antes, em 1728, Landim (1997) destacou como primeira experiência em EaD um anúncio da *Gazeta de Boston*, oferecendo material para ensino e tutoria por correspondência. No entanto, a própria autora destaca que, em vários autores, veem-se referências a civilizações antigas, considerando, por exemplo, as mensagens escritas, utilizadas para **difusão do cristianismo**, como a primeira iniciativa educacional sem as pessoas estarem face a face.

Independente das divergências dos autores quanto à primeira experiência a distância, podem-se entender todas como marcos iniciais importantes para a expansão dessa modalidade de ensino. Com base nisso, muitos outros cursos foram surgindo no mundo inteiro.

Nas duas primeiras décadas do século XX, aconteceram experiências em diversos países: capacitação de professores na Austrália; atendimento a crianças e adolescentes que podiam frequentar o ensino convencional na Nova Zelândia; e outras iniciativas na Noruega e na União das Repúblicas Socialistas Soviéticas (URSS).

Registraram-se na década de 1930, 39 universidades norte-americanas que mantinham cursos por correspondência. Também nessa década, ocorreu no Canadá a 1ª Conferência Internacional sobre Correspondência e, na França, a criação do Centro Nacional de EaD para atender a refugiados de guerra.

A Sudáfrica iniciou em 1946 suas atividades por correspondência, transformando-se, em 1951, na única universidade da África até hoje a atender exclusivamente a distância.

Até a década de 1950, não se encontrou registro de iniciativas de EaD que não fossem por correspondência nem na Europa, nem nos Estados Unidos, sendo o último berço dessa modalidade de ensino, impulsionando sua disseminação em vários países do mundo.

2.2 A EaD a partir da década de 1960

A partir dos anos 1960, pode-se observar um período de transição do modelo econômico e das concepções educacionais gerado principalmente pela evolução da tecnologia. Nesse período, iniciou-se a queda do modelo fordista, sendo que este não conseguiu mais atender ao processo operacional, fazendo com que surgissem novos modelos de produção industrial, visando a incrementar sua eficiência, com base no uso intensivo das possibilidades geradas pelo avanço tecnológico. Novas formas de organização de trabalho foram criadas. Na educação, o modelo fordista parece cada vez menos atender aos anseios educacionais.

Nesse contexto, surgiu a segunda geração da EaD, que vai até início dos anos 1990, caracterizada pela integração dos meios de comunicação audiovisuais. Essa geração foi o marco inicial do uso de outros modelos de EaD, como o rádio e a televisão, apesar de se ter registros anteriores de iniciativas com esses modelos, por exemplo no Brasil, a Rádio Sociedade do Rio de Janeiro, em 1923, que transmitia programas educacionais. Porém foi nos anos 1960, segundo a maioria dos autores pesquisados, que se efetivaram as maiores experiências com esses novos modelos, por exemplo, a Beijing Television College, na China; o Bacharelado Radiofônico, na Espanha, e a Open University, na Inglaterra.

Nessa fase, tem-se como modelo de produção industrial o neofordismo. Esse modelo investiu em estratégias de alta inovação dos produtos e na alta variabilidade do processo de produção, mas conservou ainda do fordismo a organização fragmentada e controlada do trabalho. Essa transição impulsionou a EaD a buscar novos caminhos na tentativa de superação dos paradigmas da sociologia industrial. Nesse período, passaram a coexistir duas tendências: de um lado um estilo ainda fordista de educação de massa e do outro uma proposta de educação mais flexível, supostamente mais adequada às novas exigências sociais (Belloni, 1999).

Nesse sentido, a Open University – como modelo de Universidade Aberta – foi considerada como um importante marco nesse período de transição da primeira para a segunda geração da EaD.

Na década de 1970, observou-se a criação de diversas universidades em outros países, como a Espanha, que criou a segunda instituição de ensino superior exclusivamente a distância, a

Universidad Nacional de Educación a Distancia (Uned), a exemplo da Open University britânica; Israel criou a Universidade Aberta de Israel, usando modernas técnicas de comunicação; a Alemanha fundou a Fernuniversitätt, em Vestfália na Alemanha, iniciando suas atividades em 1975, com dedicação exclusiva ao nível universitário, e Portugal criou o Instituto Português de Ensino a Distância que, em 1988, deu origem à Universidade Aberta de Portugal (Aretio, 1994).

A transição que se prenuncia, nesse período que precede o uso das novas tecnologias, é por uma educação mais aberta do ponto de vista não apenas do acesso a conteúdos padronizados, mas da possibilidade de atendimento mais personalizado ao aluno, e da diversificação temática, permitindo-se escolhas pela ampliação de oportunidades.

2.3 A EaD a partir da década de 1990

A partir de 1990, uma terceira geração de EaD foi descrita e caracterizada pela integração de redes de conferência por computador e estações de trabalho multimídia, sendo essa uma proposta ainda em fase de realização, ainda com poucas análises. Nessa geração, a tendência é a integração dos diversos meios utilizados até então pela EaD.

Enquanto até os anos 1980 a tendência fordista, bem como a tendência por uma proposta mais aberta, coexistia nos moldes de produção capitalista e, consequentemente, nas experiências de EaD, a partir dos anos 1990, a lógica industrialista de educação de massa começou a perder terreno.

Com base nisso, a maioria dos estudiosos afirmou que estão sendo redefinidos os objetivos e as estratégias da EaD orientados pelos paradigmas pós-modernos, numa concepção voltada para um novo fazer, na qual inovação, mediação, interação e criação são palavras-chave. Na visão do modelo pós-fordista, além da alta inovação do produto e da alta variabilidade do processo de produção, investiu-se na responsabilização do trabalho. Isso implica um novo perfil de profissional, ou seja, muito mais qualificado que no modelo fordista ou neofordista. Esse período caracterizou-se pela ruptura das estruturas industriais hierarquizadas e extremamente burocráticas existentes nos modelos anteriores.

Entretanto, o que ocorreu no que chamamos de *novos tempos* foi a coexistência dos três modelos de produção capitalista (fordista, neofordista e pós-fordista). Assim também foi direcionada às práticas na educação, tanto nas concepções quanto na utilização dos diversos modelos. Pode-se observar que a educação é por si muito complexa e resistente a mudanças. Exige-se, portanto, essa clareza nos campos da EaD. Belloni (1999) apresenta a posição de Evans e Nation ao criticarem o "industrialismo instrucional" e defenderem a importância do diálogo entre professores e alunos e propõe explorar "novas formas de educação aberta", o que Evans e Nation chamam de *aprendizagem aberta, aprendizagem flexível, fleximodo,* "*campus*" *aberto* ou "*campus*" *virtual* e consideram como características emergentes para a EaD. A aprendizagem aberta é entendida como acesso livre aos sistemas educacionais no tempo, no espaço e no ritmo.

Autores como Guarezi (2004), Pretti (1996), Aretio (1994) e Nunes (1993-1994) veem nas experiências mais recentes que as novas formas de EaD buscam atender às diversidades de currículos e de estudantes e procuram responder às demandas nacionais, regionais e locais, sem se afastarem completamente dos fatores econômicos. Isso ocorre porque os interesses públicos e privados organizam-se para atender a esse mercado que vê a educação como mercadoria. Eles também salientam que, com o avanço tecnológico e as transformações nos processos de trabalho, a tendência a longo prazo é de que a educação como um todo vá se tornando cada vez mais aberta.

Atualmente, muitos países em todo o mundo adotam soluções de EaD, tanto em sistemas formais como em sistemas não formais de ensino, em todos os níveis. Já na década de 1990, Lobo Neto (2008) salienta que as ações em EaD se multiplicavam rapidamente, sendo praticamente impossível dar conta do estado atual dela no contexto internacional. Aretio (1994) afirma haver, na década de 1990, talvez, mais de 20 milhões de estudantes vinculados à EaD em todo o mundo, supondo que mais de 10% da população adulta participa dessa modalidade educacional. Não se pretende, portanto, dar conta de todas as experiências que ocorrem na atualidade, pois isso seria praticamente impossível. Porém, serão destacadas a seguir as consideradas pela maioria dos autores pesquisados como as mais importantes atualmente.

Segundo Barcia et al. (1998), na busca cada vez maior por formação, por formação continuada e por aperfeiçoamento permanente, a procura pela alternativa de cursos a distância tem sido crescente. As universidades, muitas delas exclusivamente presenciais e com nível de excelência, têm incorporado o modelo de EaD em suas atividades, principalmente, a partir dos anos 1980, disputando com universidades criadas com exclusividade para o atendimento a distância, como as ja apresentadas aqui. Aretio (1994) destaca as experiências da França e da Austrália, a qual, apesar de não possuir nenhuma universidade aberta possui mais de 30 centros de educação superior que utiliza programas de EaD, da Índia com mais de 20 universidades convencionais que oferecem cursos a distância e países da América Latina que contam com centros e programas de EaD, como Argentina, Bolívia, Brasil, Colômbia, Equador e México, entre outros.

Pode-se dizer, portanto, que são milhões de cidadãos no mundo tendo acesso ao conhecimento por meio da EaD, oferecido por instituições exclusivamente a distância, instituições presenciais que possuem departamentos de EaD e até instituições presenciais que não possuem nenhum departamento para esse fim, mas que o realizam, em parceria com outras.

De acordo com Litto (2006), o crescimento da EaD na atualidade se deve, em grande parte, a dois fatores: a evolução das tecnologias de informação e a importância do conhecimento na sociedade contemporânea, que gera demandas crescentes por formação permanente. O autor destaca que "a internet adquiriu nos últimos anos papel extraordinário, ao permitir que milhões de brasileiros possam aprender em qualquer lugar, seja em casa, no escritório, na fábrica, num telecentro ou nos momentos de lazer."

Você teve uma visão geral da evolução da EaD no mundo. Agora vamos fazer um recorte das experiências mais significativas no Brasil. Será um breve relato da trajetória da EaD no País, tentando assim entender o atual contexto dela e sua inclusão na caminhada mundial dessa modalidade de ensino.

2.4 A EaD no Brasil

Inicialmente, Pretti (1996) e Nunes (1993-1994) destacam o rádio, e não a correspondência como a primeira experiência de EaD no País. Trata-se da fundação da Rádio Sociedade do Rio de Janeiro, que transmitia programas de literatura, radiotelegrafia e telefonia, línguas e outros em 1923, coordenada por um grupo da Academia Brasileira de Ciências.

Entretanto, o Instituto Universal, fundado em 1941, também é considerado como uma das primeiras experiências em EaD no Brasil, utilizando basicamente material impresso.

Para Pretti (1996), somente na década de 1960 a EaD realmente teve expressão, pois começou a funcionar uma Comissão de Estudos e Planejamento da Radiofusão Educativa que levou, em 1972, à criação do Programa Nacional de Teleducação (Prontel). Posteriormente o Sistema Nacional de Radiofusão se fortaleceu com a criação do que foi chamada, em 1981, de Fundo de Financiamento da Televisão Educativa (Funtevê), que passou a colocar programas educativos no ar em parceria com diversas rádios educativas e vários canais de TV. Paralelas às iniciativas do governo federal, instituições privadas e governos estaduais também começaram a desenvolver seus próprios projetos. O Movimento de Educação de Base (MEB), de 1956, é citado entre as primeiras experiências de maior destaque (Nunes, 1993-1994; Pretti, 1996). O projeto, segundo Nunes (1993-1994), foi abandonado por força da repressão política pós-golpe de 1964.

Outras iniciativas se seguiram no final da década de 60: a TV Educativa do Maranhão; a TVE do Ceará, com o programa TV Escolar; a fundação do Instituto de Radiofusão Educativa da Bahia (Irdeb); no Rio de Janeiro, a Fundação Brasileira de Educação (Fubrae) criou o Centro Educacional de Niterói (CEN); em Brasília, foi fundado o Centro de Ensino Tecnológico de Brasília (Ceteb) voltado à formação profissional, geralmente com cursos para atender às necessidades de empresas. Um dos trabalhos mais conhecidos do Ceteb foi o Projeto Acesso, desenvolvido em convênio com a Petrobras; em São Paulo, foi criada a Fundação Padre Anchieta (FPA) e, em Porto Alegre, foi instalada a Fundação Educacional Padre Landall de Moura (Feplam) (Pretti, 1996).

Na década de 1970, destacou-se o Projeto Minerva (radioeducativo), criado pelo governo federal, que oferecia diferentes tipos de cursos para os níveis de primeiro e segundo graus, com o objetivo de resolver a curto prazo os problemas de desenvolvimentos políticos, econômicos e sociais do País.

Também é citado nesse período o Projeto Saci (Sistema Avançado de Comunicações Interdisciplinares), lançado no Rio Grande do Norte. Foi a primeira experiência por satélite (televisão) para fins educacionais no Brasil, porém logo foi abandonado, servindo para mostrar as diferenças e as contradições existentes no Brasil (Pretti, 1996). No final dos anos 1970, contudo, foi criado o Telecurso de Segundo Grau, numa parceria entre a FPA (TV Cultura) e a Fundação Roberto Marinho (TV Globo). Esse projeto, ao contrário do Projeto Saci, conseguiu ter continuidade de transmissão e de recepção das teleaulas, gerando posteriormente o Telecurso de Primeiro Grau em 1980 e o Telecurso 2000, na década de 1990. Bordenave, citado por Pretti (1996), comenta que o curso João da Silva e o Projeto Conquista, na década de 1970, foram considerados pioneiros no Brasil e no mundo com seu modelo em formato de telenovela. Ainda nessa década, destacam-se o Movimento Brasileiro de Alfabetização (Mobral) e, na área de formação de professores, foi apresentado como um projeto de impacto, o Programa Logos, que, em 13 anos: de 1977 a 1991, qualificou cerca de 35 mil professores em 17 estados, basicamente utilizando material impresso.

A partir dos anos 80, a Universidade de Brasília (UnB) iniciou trabalhos a distância e hoje conta com o denominado *Centro de Educação a Distância* (Cead), constituindo-se como um centro de educação permanente com significativa atuação em defesa da EaD. A UnB é reconhecida como pioneira na consolidação dessa modalidade de ensino no Brasil, conforme apresenta Alonso, citado por Pretti (1996).

A Universidade Federal do Mato Grosso (UFMT) é citada como uma universidade de destaque na década de 1990. Por intermédio do Núcleo de Educação Aberta e a Distância (NEAD) do

Instituto de Educação, iniciou, em 1995, dois programas: o primeiro curso de licenciatura plena em Educação Básica, 1ª a 4ª séries do ensino fundamental, no Brasil, oferecido a quase dez mil professores e o curso de especialização para a formação de orientadores acadêmicos em EaD.

Outras universidades se destacaram a partir da década de 1990. Entre elas, ressaltamos os cursos em nível de pós-graduação por internet e por videoconferência, concebidos, desenvolvidos e executados pela Universidade Federal de Santa Catarina (UFSC) por meio do Laboratório de Ensino a Distância (LED).

Ações governamentais também se destacaram nessa década. Em 1991, uma parceria entre o governo federal e a Fundação Roquette Pinto criou o programa *Um salto para o futuro*, com o objetivo de capacitação de professores de todo país. A Secretaria Especial de Educação a Distância do Ministério da Educação (Seed), criada na metade dos anos 1990, lançou a transmissão do Programa TV Escola em 1995, unindo-o à transmissão da programação do Projeto Um Salto para o Futuro. Em 1997, a Seed lançou o Programa Nacional de Informática na Educação (Proinfo), com o objetivo de disseminar o usos das novas tecnologias nas escolas públicas do País. Contava-se também com o Projeto Proformação, para formação de professores em nível médio, basicamente só com material impresso.

No século XXI, o Brasil conquistou sua primeira Universidade Aberta (UAB), após dezenas de tentativas nos últimos 30 anos, sendo a primeira delas de iniciativa de Darcy Ribeiro. O Ministério da Educação (MEC) reconheceu a entidade como instituição pública de ensino superior, aberta a qualquer pessoa com idade acima de 18 anos, que pode ingressar sem exame vestibular, mas que tem de ser aprovada em todas as disciplinas de seu currículo.

Um dos agentes de inovação tecnológica do processo de ensino e aprendizagem tem sido o MEC, por meio da Seed. Com diversos projetos e programas, essa secretaria está incorporando nos métodos didático-pedagógicos, além das técnicas de EaD, as tecnologias de informação e de comunicação. Para a formação dos professores, os projetos de inclusão digital, como o Proinfo e o Proformação, estão entre essas ações. Também a Escola Técnica Aberta do Brasil iniciou a formação profissional técnica de nível médio a distância.

Essas e muitas outras experiências que ocorrem hoje no Brasil, estão fazendo a EaD ganhar novas nuanças. São muitas as perspectivas para essa modalidade. Vejamos a seguir.

2.4.1 Perspectivas

Quantas pessoas estudam na modalidade EaD hoje no Brasil?

Segundo a última pesquisa do Anuário Brasileiro de Educação Aberta e a Distância (AbraEAD), em sua edição de 2008, mais de 2,5 milhões de usuários estudaram a distância em 2007, em cursos formais de educação básica, de especialização e de graduação, de formação continuada das empresas e de formação técnica.

Desses 2,5 milhões, quase um milhão frequentou o ensino formal, que inclui os cursos de graduação, de pós-graduação, os técnicos e a educação de jovens e adultos (EJA). Na graduação, foram 430 mil alunos, o que representa 45% do montante total. Já os cursos de especialização e de extensão atingem 390 mil estudantes.

É evidente o crescimento da EaD. Conforme Moran (2007), ela avança impulsionada pelas dificuldades de atender a milhares de pessoas sem formação adequada. Nesse sentido, o autor salienta que o governo vem aderindo e incentivando ações a distância. Prova disso é o governo assumir a UAB – ideia antiga que nunca vingou no Brasil e que agora renasce não como uma universidade própria, mas como apoio às iniciativas das universidades públicas na formação de professores e na interação entre empresas e universidades para a formação profissional.

O mesmo autor afirma que diante desta nova realidade, "entra o Brasil numa etapa de amadurecimento da Educação a Distância, de legitimação e de consolidação das instituições competentes", continua Moran (2007):

> Apesar do preconceito ainda existente, hoje há muito mais compreensão de que a EaD é fundamental para o País. Temos mais de 200 instituições de ensino superior atuando de alguma forma em EaD. O crescimento exponencial dos últimos anos é um indicador sólido de que a EaD é mais aceita do que antes. Mas ainda é vista como um caminho para ações de impacto ou supletivas. É vista como uma forma de atingir quem está no interior, quem tem poucos recursos econômicos, quem não pode frequentar uma instituição presencial ou para atingir rapidamente metas de grande impacto. O Brasil passou da fase importadora de modelos, para a consolidação de modelos adaptados à nossa realidade.

Ainda de acordo com a pesquisa do AbraEAD, o meio corporativo também mostra avanço crescente nessa modalidade de ensino, principalmente, no modelo *e-learning*, pois 97% das empresas utilizam a internet para realizar seus cursos a distância.

A mesma pesquisa apresentou que as empresas aumentam seu investimento em EaD. Em 2006, investiam 5%; em 2007, passaram para 26% com tendência de ultrapassar 56% em 2008. Em 2009, será possível verificar se essa tendência se concretizou.

Não se contesta mais o crescimento dessa modalidade educacional nem sua importância, porém pergunta-se: Como está a qualidade dos cursos a distância?

A qualidade tem sido um fator de discussão. O MEC, no documento *Referenciais de Qualidade Para Educação Superior a Distância* (BRASIL, 2007), apresenta alguns indicadores que são considerados prementes para determinar a qualidade da EaD em uma instituição:

1. concepção educacional e *design* pedagógico de cada curso;
2. equipe multidisciplinar;
3. sistemas de comunicação;
4. material didático;
5. sistema de apoio ao estudante;
6. avaliação permanente;
7. sustentação administrativa e financeira.*

Os primeiros resultados começam a aparecer, mostrando que a EaD pode garantir a mesma qualidade que a educação presencial, ou até mais. A pesquisa do AbraEAD (2008) mostrou que, das 13 áreas de ensino em que houve cursos a distância, em sete delas os alunos dos cursos a distância tiveram desempenho superior aos dos cursos presenciais. São elas: administração, biologia, ciências sociais, física, matemática, pedagogia e turismo.

A pesquisa mostra, ainda, outros resultados que demonstram que definitivamente a EaD deixa de ser uma modalidade de "segunda categoria" ou que só deve ser utilizada caso não seja possível fazer presencial. Veja:

» os currículos dos cursos a distância são mais bem avaliados pelos alunos que os do presencial: 66,9% sobre 51,1% do presencial;

» nos cursos a distância, o aluno estuda mais que o aluno do presencial;

---

* *Para ver na íntegra o detalhamento desses indicadores, acesse:* <http://portal.mec.gov.br/seed/arquivos/pdf/legislacao/refead1.pdf>.

» 75% das instituições de EaD têm evasão inferior a 20%.

Esses e outros resultados fortalecem essa modalidade educacional, dando a educadores e a estudantes a certeza de que as portas estão abertas para essa forma de ensinar e de aprender, não mais como uma segunda alternativa, mas como uma importante

Esses e outros resultados fortalecem essa modalidade educacional, dando a educadores e a estudantes a certeza de que as portas estão abertas para essa forma de ensinar e de aprender, não mais como uma segunda alternativa, mas como uma importante possibilidade de formação.

Para finalizar, lançamos mão da fala do atual Secretário de Educação Nacional a Distância, Carlos Eduardo Bielschowsky (2008): "Não há outro caminho que não seja investir na qualidade, porque [a EaD] não tem retorno."

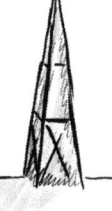

Capítulo 3

* *Trechos do capítulo 3 foram extraídos da tese de doutorado da autora Rita de Cássia Menegaz Guarezi.*

Fundamentos educacionais*

Nos fundamentos educacionais, você terá oportunidade de conhecer ou relembrar importantes conceitos e teorias que fundamentam a educação, de modo geral, seja ela presencial, semipresencial ou a distância. Compreender esses conceitos e conseguir entendê-los aplicados ao processo de ensino-aprendizagem a distância é, quem sabe, o grande desafio deste capítulo. Temos certeza de que você veio até aqui porque é alguém que busca desafios. Por isso, vai chegar lá!

Muito do que aqui está escrito é resultado da pesquisa e das análises da tese de doutorado da professora Rita de Cássia Menegaz Guarezi. Certamente é gratificante poder socializar os conhecimentos contidos neste livro.

3.1 Conhecimento: o que significa?

Conceituar o termo *conhecimento* é uma tarefa difícil, pois, diversas vezes, são ambíguos os conceitos apontados pelos estudiosos do assunto. É possível, porém, observar alguns aspectos em comum e outros que se complementam entre alguns autores.

Existem diversas teorias a respeito do que é conhecer e de como conhecer: de Sócrates, que via o conhecimento com a função de autoconhecimento, passando por seu oponente Protágoras, que colocava o conhecimento como a mola propulsora para seu detentor se tornar eficaz, ou seja, sabedor do que dizer e como dizê-lo. Os confucionistas, por sua vez, compreendiam que o conhecimento levava a saber o que dizer e a como dizer, com finalidade de aperfeiçoar a terra. Para o taoísmo e o monge Zen, o conhecimento significava autoconhecimento, caminho para a sabedoria. Apesar de discordâncias sobre o real significado de conhecimento, todos concordavam que não significava utilidade, aptidão, em grego *techne*. Sendo assim, tanto Sócrates quanto Protágoras, contrários aos confucionistas, respcitavam a *techne*. (Drucker, 1993)

Todavia, atualmente, Drucker (1993, p. 24-25) afirma que conhecimento se mostra no fazer: "Para nós, conhecimento é informação eficaz em ação, focalizada em resultados." O autor ainda diz: "No passado [...] sabiam o suficiente para falar ou escrever a respeito de muitas coisas, o suficiente para compreender muitas coisas. Mas elas não sabiam o suficiente para fazer nada".

Na sociedade dita "do conhecimento", há a transformação de **dados** em informações. Essas **informações** mentalmente compreendidas na sua aplicação é o que se pode chamar de *conhecimento*.

Deve-se ter claro, pois, cada um destes elementos: dados, informação e conhecimento:

Quadro 2 – Diferença entre dados, informação e conhecimento

DADOS	INFORMAÇÃO	CONHECIMENTO
Fatos objetivos e discretos acerca de eventos, registros organizados de transações. Os dados não têm qualquer significado em si mesmos, não fornecem qualquer julgamento ou interpretação acerca dos eventos, nem qualquer base para a ação.	Os dados transformam-se em informação quando os contextualizamos, categorizamos, corrigimos, condensamos ou ainda quando fazemos cálculos com eles. À informação está sempre associada a ideia de mensagem, já que existe sempre um emissor e um receptor.	O conhecimento decorre da informação e é obtido pela ação humana por meio da comparação, da análise de consequências, das ligações e da conversação. Associadas ao conceito de conhecimento estão a experiência, a verdade, o julgamento e as regras.

Fonte: Adaptado de IATROS, 2008.

Dessa forma, o processo de construção do conhecimento pode ser compreendido assim:

Figura 1 – O processo de construção de conhecimento

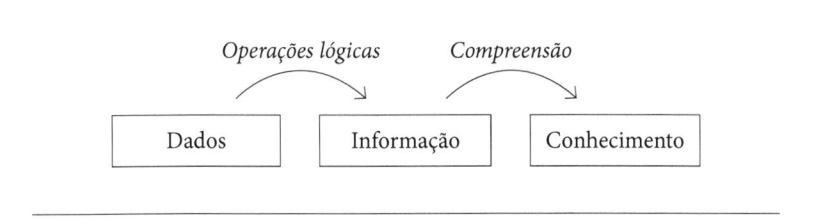

Dados →(Operações lógicas)→ Informação →(Compreensão)→ Conhecimento

Fonte: IATROS, 2008.

Davenport e Prusack (1998) corroboram essa visão do conceito de conhecimento:

O conhecimento é um fluido misto de experiências, valores, informação contextual e conhecimento que fornece uma estrutura para avaliar e incorporar novas experiências e informação. Tem origem e é aplicado na mente das pessoas. Nas organizações, ele está frequentemente embebido, não só nos documentos e repositórios, mas também nas rotinas, processos, práticas e normas.

Para Sveiby (2008), conhecimento é a capacidade de agir intelectual ou fisicamente. Choo (2002) define o conhecimento como a informação transformada por meio do uso da razão e da reflexão, em crenças, explicações e modelos mentais que antecedem a ação. Para esse autor, o conhecimento é construído por meio do acúmulo de experiências.

Já Nonaka e Takeuchi (1997) definem o conhecimento com base em sua caracterização, destacando que o conhecimento é criado pelo fluxo de mensagens com determinado significado, ancorado nas crenças e nos compromissos de seu detentor. Esses autores, baseados em Polanyi, classificam o conhecimento em:

» tácito – do latim *tacitus*, é o conhecimento que não pode ser exteriorizado por palavras;

» explícito – do latim *explicitus*, é o conhecimento que está declarado, mostrado, explicado.

Para Polanyi (1974), os seres humanos adquirem conhecimentos criando e organizando ativamente suas próprias experiências. Assim, o conhecimento, que pode ser expresso em palavras e números, representa apenas a ponta do *iceberg* do conjunto de conhecimentos como um todo. Segundo o autor, "podemos saber mais do que podemos dizer".

Compreendemos, pois, que conhecimento é cada vez mais importante na sociedade contemporânea, sendo que o capital intelectual conta mais que o capital físico. Porém não se pode confundir informação com conhecimento. Defende-se que conhecimento é uma informação transformada em significado. No momento que "significa" para o sujeito, transforma-se em conhecimento para ele, que então poderá utilizá-lo para si a para seu entorno.

Você percebeu que, antes de falarmos de concepção educacional e das teorias de aprendizagem, precisávamos falar de conhecimento. Objetivamos com isso uma reflexão sobre muitos cursos a distância que utilizam conteúdos (informações) mediatizados por diferentes tecnologias e acreditam que somente isso é capaz de gerar o conhecimento. Esses cursos disponibilizam um conteúdo com algumas ilustrações e animações na internet e consideram isso como EaD.

Entendemos que a natureza e a origem do conhecimento precisam ser profundamente discutidas e compreendidas, não somente pelos educadores, mas por todos que pretendem discutir EaD.

Agora que você pôde refletir sobre o conceito de conhecimento, ficará mais fácil entender quando falarmos sobre construção de conhecimento, objeto de conhecimento, sujeito do conhecimento, entre outros termos que você estudará a seguir.

3.2 Concepções educacionais e suas teorias de aprendizagem

Os estudos das teorias do conhecimento e das teorias de aprendizagem são intrinsecamente ligados, principalmente ao serem observados seus reflexos nas práticas educacionais. Isso quer dizer que as teorias de aprendizagem têm como pano de fundo raízes na visão racionalista ou empirista do conhecimento.

Em termos bem simplistas, da visão idealista do racionalismo fica o princípio das ideias inatas e que a educação deve voltar-se ao que chamam de *coisas de valor duradouro*, como a busca da verdade, a autorrealização e o desenvolvimento do caráter. Para a visão idealista do racionalismo, os estudantes modernos parecem robôs que pesquisam fragmentos de qualquer coisa, obtendo uma "educação" com pouca profundidade e que operam baseados em regras, sem levar em conta o que verdadeiramente acreditam, conforme apresenta Ozmon (2004).

De acordo com esse autor, quanto ao empirismo, está a visão de que os processos mentais são reflexos da informação obtida no meio ambiente. Identifica-se também em suas ideias realistas mais contemporâneas que o ensino deve primar pelo desenvolvimento científico, no qual a educação deve desenvolver principalmente habilidades técnicas e produzir especialistas e cientistas. Acusam as ideias racionalistas de levarem o indivíduo a um mundo irreal, por se primar por uma metodologia que impulsiona o aluno a explorar e a descobrir o que, de fato, interessa a ele.

Dessa forma, conforme Gardner (1996), o racionalismo tem sido mais fortemente identificado nas teorias cognitivistas, enquanto o empirismo, nas teorias do comportamento.

Enfim, a educação implícita ou explicitamente se baseia em uma filosofia de vida, na concepção de homem e de sociedade.

Dentro dessa perspectiva, discutiremos a seguir as teorias de aprendizagem subjacentes a três concepções da cognição humana: comportamentalismo, cognitivismo e humanismo. Quanto ao conceito de aprendizagem, este não será estabelecido *a priori*, pois ele se diferencia dependendo da visão de cada corrente. Assim, o conceito de aprendizagem aparecerá em cada corrente, sendo delineado, ao final desta unidade, o conceito geral para o fim do seu estudo.

3.2.1 Uma abordagem comportamentalista da aprendizagem

Além de comportamentalismo, são encontradas na literatura para essa corrente da aprendizagem, outras denominações, tais como teoria psicológica behaviorista, ou associacionista. Ainda vamos encontrá-la como *condutismo* e *conexionismo*.

Entrelaçado no berço pragmatista e empirista, o comportamentalismo nega a existência da mente (reducionismo antimentalista). Mesmo para os menos extremistas, quando a mente não era negada, ela não podia ser estudada por métodos objetivos, travando assim um declarado protesto contra qualquer método introspectivo. (Cotrim; Parisi, 1982; Pozo, 1998; Ozmon, 2004)

O núcleo central dessa corrente está constituído por sua concepção associacionista do conhecimento e da aprendizagem, estabelecido na tradição empirista que nasce em Aristóteles. Isso significa que, para o comportamentalismo, a apreensão do conhecimento pelo indivíduo se dá por meio da associação de ideias que são captadas pelos sentidos do ambiente externo, seguindo os princípios da semelhança, da continuidade espacial e da casualidade. Assim, a aprendizagem é sempre iniciada e controlada pelo ambiente. (Pozo, 1998)

São esses, portanto, os pressupostos teóricos que se encontram ao longo dos estudos behavioristas, que aconteceram nas primeiras décadas do século XX nos Estados Unidos e na Europa e que foram diretamente influenciados pela teoria do reflexo de Pavlov[*], que foi seguida por Johan Watson, Thorndike e Skinner.

---

[*] ***Ivan Petrovich Pavlov** (1849-1936). "Fisiologista russo [...]. Nasceu em Ryazan e formou-se na universidade de São Petersburgo entre 1884 e 1886. Estudou também em Breslau, na Polônia, e em Leipzig, na Alemanha [...]. As suas experiências mais conhecidas começaram em 1889, demonstrando os reflexos condicionados e incondicionados em cães, e que influenciaram o desenvolvimento das teorias comportamentais da psicologia até às primeiras décadas do século 20 [...]. A sua obra prima foi:* Conditioned reflexes, *em 1926". (Estudo sobre Inteligência Artificial, 2009)*

A teoria de Skinner* foi para o behaviorismo, ou, quem sabe, seja melhor dizer para o neobehaviorismo, uma nova era.

Como não é foco desse estudo detalhar cada teoria de aprendizagem dessa concepção, vamos discorrer sobre a teoria de Skinner, a qual teve tanta influência na educação representada pela escola tradicional e que, até hoje, pode ser observada claramente em muitas iniciativas de EaD.

O comportamento operante de Skinner

O behaviorismo operante é uma visão moderna das primeiras psicologias mecanicistas de estímulo-resposta, como o conexionismo desenvolvido por Thorndike e o behaviorismo desenvolvido por Watson. Portanto, para Skinner, como Thorndike e Watson, a psicologia é a ciência do comportamento, considerando-se que o ser humano é neutro e passivo e que todo comportamento pode ser descrito em termos mecanicistas sequenciais. (Bigge, 1977)

Como para os comportamentalistas anteriores, Skinner defende que conhecer é ação do ambiente sobre o indivíduo. Conforme Ozmon (2004, p. 215), Skinner diz que pensamos que "conhecer é um processo cognitivo, mas ele é comportamental, ambiental, neurológico e até mesmo fisiológico".

Por isso, para Skinner a mudança de comportamento é gerada pela alteração nas contingências** de reforço (ambiente cultural e social).

Portanto, a aprendizagem é definida como uma mudança no comportamento ou na probabilidade de resposta, sendo que essa mudança é causada pelo operante, ou seja, o processo pelo qual

---

* **Burrhus Frederic Skinner** *(1904-1990). Nasceu na Pensilvânia, estudou em Harvard. É chamado de* sumo sacerdote do behaviorismo. *(Ozmon, 2004).*

** *Contingências são condições sob as quais um comportamento ocorre. Elas influenciam a direção futura e a qualidade do comportamento (Ozmon, 2004).*

uma resposta torna-se mais provável ou mais frequente, porque é fortalecida, ou seja, recompensada.

Nessa perspectiva, Skinner compreende o processo educacional de maneira que o plano de estudos garanta que as respostas dos alunos sejam convenientemente reforçadas.

Skinner acredita que um dos mais eficientes tipos de instrução poderia ser feito por meio de "máquinas de ensinar", como os computadores. Nessas máquinas, os alunos teriam programas com material para leitura e questões que se inter-relacionam, em geral, organizadas em sequências de complexidade crescente. Ao responder, o aluno pode verificar imediatamente sua resposta. Se acertar, como recompensa, ele pode prosseguir. Se errar, há duas visões distintas. Para Skinner, fazer o estudante repetir o que errou seria muito punitivo. Assim, deveria somente apontar o que ele errou e prosseguir. Porém, na visão de outros behavioristas, repetir não é punição e eles defendem que o programa não deve prosseguir até o aluno acertar. (Ozmon, 2004)

Podemos observar esse tipo de ação nos cursos a distância nos quais as atividades são prioritariamente objetivas com *feedbacks* de "Acertou!" ou "Errou!". Caso o aluno acerte, ele avança. Caso erre, deve repetir o exercício.

Ozmon ainda coloca que, para os behavioristas, são muitas as vantagens do aprendizado por "máquinas de ensinar": "reforço imediato é dado; o programa é escrito por pessoas competentes e o aprendizado é realizado em pequenas etapas de modo que o estudante pode evitar cometer erros" (2004, p. 223).

Para isso, Skinner propõe a aplicação da "instrução programada" no desenvolvimento e na execução dos programas. Segundo Oliveira, citado por Cotrim e Parisi (1982, p. 316): "Instrução programada seria um esquema para se fazer efetivo uso de reforços, modelagem e manutenção do comportamento de maneira a maximizar os efeitos do reforço".

Essa proposta instrucional para "máquinas de ensinar" de Skinner seguia os seguintes princípios, conforme Moreira (1999) e Cotrim e Parisi (1982):

» **Pequenas etapas** – O conteúdo deve ser apresentado em pequenas doses, pois assim a aprendizagem se dá de forma mais eficiente, evitando que o aluno cometa erros durante o estudo. O erro pode ser aprendido, por isso deve ser evitado.

» **Resposta ativa** – Esse princípio defende que o aluno aprende melhor quando participa de forma imediata e ativa do que está estudando.

» **Avaliação imediata** – A avaliação imediata serve como estímulo de reforço para a aprendizagem. Assim, ele deve verificar imediatamente seus acertos e erros, para que possa prosseguir com segurança em seus estudos.

» **Ritmo próprio** – Cada pessoa tem um ritmo de aprendizagem e isso deve ser respeitado por um bom programa de estudo, dando, assim, oportunidade para que a pessoa faça o seu tempo de aprendizagem.

» **Teste do programa** – Quando analisa os resultados da aprendizagem do aluno, o professor, ao constatar algum erro, deve proceder à revisão da aprendizagem. Assim, por meio da verificação da aprendizagem do aluno, o professor deve avaliar seu programa de estudos e reformulá-lo, no sentido de reduzir os erros cometidos e aumentar a margem de acertos.

No caso do princípio "pequenas doses", pode-se criticar a visão fragmentada de Skinner, mas uma de suas falas apresentadas por Cotrim e Parisi (1982, p. 316-317) faz com que se reflita sobre seu posicionamento:

A defesa-padrão da matéria difícil é a de que se quer ensinar mais do que o assunto. O estudante deve ser desafiado a pensar. O argumento é, algumas vezes, pouco mais do que a racionalização de uma apresentação confusa, mas é indubitavelmente verdade que aulas e livros são, com freqüência, inadequados e equivocados de propósito. Mas com que fim? Que espécie de pensar o aluno pode aprender lutando com o material didático difícil? [...] A pretexto de ensinar a pensar criamos situações confusas e difíceis e depois elogiamos os alunos que as conseguiram vencer.

Nesse contexto, seria possível dizer que a ideia da fragmentação pode parecer errônea para uma visão pedagógica construtivista. No entanto, o questionamento de Skinner sobre a complexidade com que são apresentados os conteúdos é relevante e deve ser certamente considerado.

Assim, com exceção do conteúdo em "pequenas doses", os demais princípios, por vezes, causam surpresa, sendo que se trata de uma teoria baseada no condicionamento e que tem sido extensamente aplicada em escolas tradicionais, principalmente as de abordagens mecanicistas, dentro de um processo pedagógico totalmente voltado para o ensino. No entanto, o tempo todo Skinner estava preocupado com a aprendizagem do aluno. Identifica-se isso em cada um dos princípios a seguir:

» levar o aluno a ser ativo no processo de ensino-aprendizagem;
» possibilitar que o estudante verifique imediatamente seus resultados para que tenha segurança nos próximos passos de seus estudos;
» ter respeito aos diferentes ritmos de aprendizagem, conotando aqui a consideração pelas diferenças individuais;
» a avaliação do programa e sua reelaboração, mediante os resultados obtidos pelo aluno.

Certamente pode-se dizer que muito dos princípios da instrução programada está presente nas teorias de escolas de tendência progressista ou, caso se deseje falar ainda sobre correntes da aprendizagem, muitas das metodologias baseadas nas visões humanista e cognitivista consideram tais princípios.

No entanto, conforme Moreira (1999, p. 60), na prática, os princípios aplicados em textos programados não absorvem tais princípios:

> *textos programados contêm pequenas lacunas de modo a evitar erros, que o aprendiz vai preenchendo com seu próprio ritmo e imediatamente verificando se acertou [...]. Como os passos são muito pequenos, a instrução programada, geralmente, resulta extensa e, às vezes, aborrecida para o estudante.*

Mediante tal exemplificação da aplicação da instrução programada de Skinner, é importante fazer algumas reflexões sobre esses textos programados em cursos a distância: Onde está a postura ativa do estudante? Em que condições, ou a que preço, realmente seu ritmo de aprendizagem é respeitado? Pensar, nesse caso, significa decidir qual a resposta correta e, se errar, a solução pode ser copiada? No que se resume a revisão da aprendizagem e a reestruturação do programa de ensino?

O que se vê é a aplicação da teoria na educação de forma mecânica, na qual os princípios que teoricamente se apresentavam como indicadores de que a instrução programada parecia estar voltada à aprendizagem acabam se tornando uma prática realmente de um ensino sem objetivos.

Fica, pois, um alerta para as instituições que buscam transferir velhas práticas com novas roupagens para a EaD. Também na EaD ainda temos o professor como o detentor e o transmissor de conhecimento ao aluno. A ele, cabe decidir os objetivos e a metodologia de ensino. O aluno recebe, escuta, escreve e repete as informações tantas vezes quanto forem necessárias, até acumular em sua mente o conteúdo que o professor repassou.

Dessa forma, talvez uma das críticas mais severas no que se refere à aplicação do comportamentalismo na EaD seja que essa educação se volta para formar um aluno completamente passivo, aquele que não critica não argumenta, não cria. Somente assimila e reproduz o que aprendeu. (Becker, 1998)

3.2.2 O cognitivismo em suas diferentes faces

Desde os anos 1950, a psicologia cognitiva tem se destacado dentro da psicologia científica. Impulsionada principalmente pela necessidade de ultrapassar as insuficiências do behaviorismo, passou a centrar-se no estudo do funcionamento cognitivo*. (Gardner, 1996; Cambi, 1999; Moreira, 1999; Falcão, 2001; Ozmon, 2004.)

Nessa perspectiva, os fenômenos mentais podem ser testados com base nos comportamentos observados. O cognitivismo passou, assim, a assumir explicitamente a existência de variáveis cognitivas intermediárias entre o estímulo e a resposta. O sujeito é visto como alguém que é capaz de interpretar os estímulos e tem o poder de decidir as suas respostas. (Gonçalves, 2001)

Conforme a autora, enquanto o comportamentalismo se pauta no conceito de comportamento, no cognitivismo, o conceito de conhecimento (entendido como organização e representação mental) é o núcleo teórico. Assim, o cognitivismo procura explicar a "arquitetura" da mente humana e as leis de representação, de funcionamento e de transformação dos conhecimentos.

---

* A cognição corresponde à atividade mental e inclui variáveis como as crenças e percepções (atribuições causais, expectativas de resultado e de autoeficácia, valor das tarefas), a curiosidade, a memória, etc. Estudar a cognição significa estudar mecanismos e processos tão distintos como a resolução de problemas, a criatividade, a memória, a tomada de decisão, a aprendizagem cognitiva etc. (GONÇALVES, 2001).

Tanto os behavioristas quanto os cognitivistas consideram o comportamento humano como um conjunto complexo de variáveis que podem ser analisadas e medidas, direta ou indiretamente. Porém, diferem uma vez que, para o comportamentalismo, o ser humano é visto como essencialmente passivo e reativo ao meio, enquanto, para o cognitivismo, atribui-se ao ser humano um papel ativo: este possui capacidades cognitivas que lhe permitem selecionar e procurar deliberadamente alternativas de ação.

Para o cognitivismo, os conhecimentos prévios têm fundamental importância no modo como o sujeito lê o mundo. Esses conhecimentos são o resultado da aprendizagem anterior e, assim, a base das novas aprendizagens. A estrutura cognitiva de um indivíduo é, pois, segundo os cognitivistas, o principal fator que influencia os processos cognitivos de aprendizagem, de compreensão e de retenção de informação e, por fim, a própria ação.

Assim, o material de aprendizagem (as informações recolhidas no mundo exterior) é apreendido por relação a conteúdos relevantes já dominados dentro de um dado campo de conhecimento. Quanto mais simples for o conhecimento prévio, menor o grau de profundidade com que o aprendiz retém e menor o grau de significado atribuído às informações ou aos estímulos novos. (Barros de Oliveira, 1996)

Enfim, a perspectiva cognitivista reúne um conjunto muito grande de teorias e de autores. Serão destacadas a seguir algumas teorias consideradas mais significativas para os propósitos de nossa discussão sobre os fundamentos da EaD.

A epistemologia construtivista de Jean Piaget

Jean Piaget (1896-1980) foi considerado o teórico da epistemologia genética, como pode ser confirmado em diferentes referências. Influenciou profundamente a pedagogia, mesmo que no sentido próprio tenha dedicado a ela poucas reflexões (como

Psicologia e pedagogia de 1969). Sua teoria psicológico-evolutiva de base cognitivista se tornou uma espécie de "fundamento" da nova pedagogia cognitiva. (Cambi, 1999)

Para Piaget, o ser vivo ou se adapta ao ambiente ou morre. Essa é a base do seu pensamento, ou seja, é a adaptação que garante a sobrevivência e a expansão. A princípio, esse pensamento parece ter uma conotação bastante passiva. Porém, Piaget esclarece que o homem, por ser dotado de inteligência, consegue, mais que todos os seres vivos, adquirir conhecimentos da realidade e, consequentemente, um alto nível de adaptação, de forma que esse tipo de adaptação não seja passivo, mas altamente dinâmico e transformador. Essa aquisição de conhecimento que leva o homem a viver melhor, é, pois, para Piaget, a aprendizagem.

Para esse estudioso, a primeira aprendizagem está subordinada à segunda, ou seja, depende do desenvolvimento das estruturas cognitivas. Conforme esse autor, esse posicionamento leva-o a negar qualquer possibilidade de aquisição de conhecimento por associação, conforme Mena Merchán, Marcos Porras e Mena Marcos (2002, p. 53):

> *O conhecimento se mostra como resultado de uma construção onde é importante a maturação e a experiência do indivíduo, reguladas por um mecanismo interno, a que Piaget dá o nome de equilibração, que atua como processo autorregulador, para compensar as perturbações exteriores que rompem o equilíbrio interno. O resultado de cada reequilibração não é a volta ao equilíbrio anterior e, sim, a um novo estado qualitativo diferente.*

Portanto, para Piaget, o desenvolvimento da inteligência é um processo contínuo, sendo que as mudanças no desenvolvimento mental são gradativas e os esquemas são construídos ou modificados de forma gradual.

Essa visão tem sido reconhecida e aplicada na EaD. Podemos visualizá-la em cursos, em que os alunos se deparam com vários desafios durante seu processo de estudo. As respostas não estão postas. O aluno é sempre questionado e precisa descobrir a solução dos problemas. Ao ser lançado a um desafio, o estudante entra em desequilíbrio. A nova aprendizagem vai levá-lo ao novo equilíbrio. Isso é uma constante, uma construção permanente.

Não é objetivo desta seção esgotar todos os aspectos da teoria piagetiana. Certamente, assim como todas as teorias, ela tem seus pontos fortes e seus pontos fracos. Porém, como se pode ver em Gardner (1996), mesmo que os formalismos lógicos de seus estágios, assim como os mecanismo para a evolução dentro deles foram amplamente criticados, é importante não esquecer que Piaget foi o principal impulsionador de um campo inteiro da psicologia – aquele que se preocupava com o desenvolvimento cognitivo humano, deixando uma agenda de pesquisa que deu sustentação a esse campo até os dias atuais.

A abordagem mediadora de Vigotski

A teoria de Vigotski, assim como a gestalt* e a teoria de Piaget, coloca-se contrária ao comportamentalismo.

Na teoria de Vigotski, a aprendizagem passa por dois momentos. Primeiro, ela se dá nas relações externas e, em seguida, ela é internalizada ou, como diz Pozo (1998, p. 196) o desenvolvimento e a aprendizagem são direcionados desde o exterior do sujeito até

---

* *Também é chamada de concepção inatista ou idealista. Os representantes da corrente **gestáltica** rejeitavam a concepção do conhecimento como uma soma de partes. Ao contrário, para eles a unidade mínima é o todo ou a globalidade. A noção de que uma coisa não pode ser entendida pelo estudo de suas partes constituintes, mas somente pelo estudo como uma totalidade, já tinha sido defendida na Grécia pré-socrática. Assim, pode-se dizer que a ideia do gestaltismo tem sua origem no inatismo grego. (BIGGE, 1977)*

o seu interior. "Seria um processo de internalização ou transformação das ações externas, sociais, em ações internas, psicológicas." *A priori*, mostra ser uma maneira de ver o processo de aprendizagem em que o sujeito não imita os significados, como no comportamentalismo, nem constrói, como em Piaget, mas os reconstrói na ação mediadora realizada nas interações sociais.

No que se refere à relação aprendizagem e desenvolvimento, segundo o mesmo autor, o posicionamento de Vigotski vai ser novamente intermediário entre o associanismo e o construtivismo piagetiano. Para Vigotski, os processos são interdependentes. Assim, o desenvolvimento vai iniciar sempre no exterior, por meio dos processos de aprendizagem, e depois se transforma em processos de desenvolvimento interno. Diferentemente de Piaget, a aprendizagem precede temporariamente o desenvolvimento mental.

Essa precedência fica, para Vigotski, entre dois níveis de desenvolvimento ou dois tipos de níveis de conhecimentos. Desse modo, para esse estudioso, aquilo que a pessoa consegue fazer de forma autônoma, sem necessitar de ajuda de outras pessoas ou de mediadores externos, está no nível de **desenvolvimento efetivo** ou também chamado de *real*. Esse nível de desenvolvimento representaria então os mediadores já internalizados. O outro nível seria o de **desenvolvimento proximal**. Este representa aquilo que a pessoa seria capaz de fazer com a ajuda de outras pessoas ou de instrumentos mediadores externos. (Baquero, 1998)

Para Vigotski, é nesse nível de desenvolvimento que deve estar focada a atenção de psicólogos e educadores, ou seja, nos conceitos em processo de mudança. Aqui, salienta que são os conceitos científicos, pois os conceitos espontâneos são adquiridos sem necessidade de instrução. "O único tipo correto de pedagogia é aquele que segue em avanço relativamente ao desenvolvimento e o guia deve ter por objetivo não as funções maduras, mas as funções em vias de maturação" (Vigotski, 1979, p. 138).

Isso faz com que essa teoria seja atual e tenha destaque na educação. Pozo (1998) vai além e diz que essa relevância é ainda maior se for considerado que Vigotski supera os estágios de Piaget, uma vez que ultrapassa o bloqueio que se produz na aplicação da teoria piagetiana na educação na relação desenvolvimento cognitivo e à aprendizagem. Isso significa que, para Piaget, o desenvolvimento cognitivo era um limite para adequar o tipo de conteúdo de ensino a um nível evolutivo do aluno. Em Vigotski, a aprendizagem é o que impulsiona o desenvolvimento cognitivo, certamente devendo considerar o nível de desenvolvimento efetivo.

Relacionando tais análises à EaD, é possível dizer que esta tem um papel essencial na formação dos conceitos científicos e assim com o ser psicológico e racional. Deve, portanto, planejar o ensino não para conceitos já dominados, mas para conceitos ou estruturas de conceitos ainda não incorporados pelo aprendiz, funcionando como impulsionadora do desenvolvimento das funções psicológicas superiores, como a consciência, o planejamento e a deliberação, características exclusivamente humanas. Salientamos também a importância do professor/tutor na mediação entre o aluno e o conhecimento ainda não incorporado.

A aprendizagem significativa de Ausubel

A teoria de Ausubel se concentra especialmente no contexto educativo, sendo que sua discussão gira em torno dos processos de ensino-aprendizagem de conceitos científicos com base dos conceitos já previamente formados pelo sujeito. Assim, conforme Pozo (1998), a diferença entre aprendizagem e ensino é o ponto de partida da sua teoria.

Como representante do cognitivismo, ele propõe uma explicação teórica de como se dá a aprendizagem sob o ponto de vista cognitivo. Porém, dá ênfase à instrução formalmente estabelecida. Isso mostra que sua teoria se aproxima mais das ideias de Vigotski que das de Piaget ou da *gestalt*.

Ausubel considera que toda situação de aprendizagem pode ser analisada em duas dimensões, que ele chama de eixos *vertical* e *horizontal*. O eixo vertical se refere aos processos nos quais o aprendiz codifica, transforma e armazena a informação passando de uma aprendizagem repetitiva ou simplesmente mnemônica à aprendizagem significativa enquanto o eixo horizontal se refere à estratégia de instrução planejada para assimilar essa aprendizagem, que vai do ensino puramente receptivo ao ensino baseado no descobrimento espontâneo. Desse modo, uma das maiores contribuições de Ausubel é a diferenciação entre esses dois eixos, que são bem interdependentes. (Moreira, 1999)

Esse autor considera a primeira mecânica, e a chama de *aprendizagem por repetição* ou *mnemônica*, e a segunda mental, a qual chama de *significativa*. É interessante notar que, para Ausubel, ambas as aprendizagens podem se dar tanto em um ensino por recepção quanto em um ensino por pesquisa. Para ele, ainda que aprendizagem e ensino interatuem, podem ser relativamente independentes. Isso se confirma quando ele ressalta que se pode observar que determinadas formas de ensino nem sempre levam a determinado tipo de aprendizagem. (Ausubel, 2003)

O gráfico a seguir ilustra a classificação das situações de aprendizagem segundo essa teoria.

Gráfico 1 – Classificação das situações de aprendizagem

Aprendizagem significativa	Esclarecimento das relações entre os conceitos	Ensino audiotutelar bem planejado	Pesquisa científica, música ou nova arquitetura	
	Conferência ou representações da maior parte dos livros-texto	Trabalho escolar no laboratório	Pesquisa rotineira / produção intelectual	
Aprendizagem por repetição (mnemônica)	Tabuada de multiplicação	Aplicação de fórmulas para resolver os problemas	Resolução de quebra-cabeças por ensaio e erros	
	Aprendizagem por recepção	Aprendizagem por descoberta guiada	Aprendizagem por descoberta autônoma	

Fonte: Adaptado de Pozo, 1998, p. 210.

O eixo horizontal se refere à maneira de organizar o processo de aprendizagem e a estrutura em torno da dimensão **aprendizagem por descoberta** ou **aprendizagem receptiva**. Essa dimensão refere-se à maneira como o aluno recebe os conteúdos. Assim, na **aprendizagem por descoberta**, o aprendiz é levado a buscar as informações para depois assimilá-las, enquanto na **aprendizagem receptiva** os conteúdos já estão prontos, acabados para o aprendiz. Basta que ele os assimile. (Moreira, 1999)

No eixo vertical, estabelece-se a diferença entre a **aprendizagem significativa** e a **aprendizagem mnemônica**. A primeira se refere ao tipo de aprendizagem que é incorporada a estruturas de conhecimento já internalizadas (usando o termo de Vigostski), ou seja, quando uma nova informação faz sentido para o sujeito porque se relaciona com conhecimentos anteriormente assimilados. A aprendizagem mnemônica, por sua vez, refere-se à retenção de uma informação que não faz sentido para o sujeito. É também conhecida como **aprendizagem por associação**, na qual o aprendiz memoriza sem saber para que serve tal informação, ou seja, não tem nenhum significado para quem aprende. (Moreira, 1999; Pozo, 1998)

Assim, conforme Pozo (1998), Ausubel, bem como os demais cognitivistas, deixa claro que a aprendizagem de estruturas conceituais exige a compreensão e, dessa forma, não pode ser alcançada por meio da aprendizagem mnemônica. Portanto, a aprendizagem significativa será sempre mais eficaz que a mnemônica. Contudo, é bom lembrar que não são excludentes, uma vez que são contínuas. Por vezes, o tipo de aprendizagem por associação pode ser eficiente para se chegar à aprendizagem significativa.

É importante ressaltar que, quer a aprendizagem seja por descoberta ou por recepção, não será isso que garantirá a aprendizagem significativa. O que garante então? Talvez a questão maior seja saber em quais condições se dá a aprendizagem significativa. Para isso, Ausubel (1980) expõe três aspectos que seriam necessários para que esse tipo de aprendizagem ocorra. Eles poderão ser de grande ajuda no planejamento de cursos a distância:

» **Material didático** – Deve possuir significado, isto é, estar organizado não somente com conteúdos sobrepostos, mas com significado lógico de seus elementos. Assim, a organização de sua estrutura se dá de tal forma que para o aprendiz não sejam só informações fragmentadas, mas que possam ter um sentido maior. Por exemplo, se o assunto for estados brasileiros, poderia ser listado, em um material, os estados e as capitais deles. Nesse caso, seriam somente informações. Mas quando você apresenta os estados e as respectivas capitais dentro de uma concepção temporal e causal mostra a evolução e as características de cada um comparadas às dos demais estados trará certamente para o aprendiz um significado maior.

> **Predisposição para aprender** – Além de o material ser significativo, é necessário que o aprendiz queira aprender. Nesse caso, ter um motivo torna-se um fator preponderante para a aprendizagem significativa.

> ***Subsunçores**** **adequados** – Significa, para Ausubel, que a estrutura cognitiva do aprendiz contenha conceitos que permitam a "ancoragem" do novo conceito.

Fica evidente a interdependência desses três fatores para uma aprendizagem significativa. Nesse sentido, a aprendizagem significativa ocorre na interação entre o sujeito (estrutura preexistente) e o meio (material ou informação) e é obtida, conforme Ausubel, muito mais por significados recebidos do que descobertos. Isso indica que a instrução interpessoal recebe em Ausubel um peso determinante para a aprendizagem.

Enfim, a teoria de Ausubel defende uma prática pedagógica voltada para o aprendiz, uma vez que a aprendizagem significativa estará condicionada a fatores inter-relacionados nos quais o aprendiz é peça-chave. Em outras palavras: só haverá aprendizagem significativa quando a informação nova vier por meio de material adequado e se relacionar àquilo que o aprendiz já sabe, e este, por sua vez, se predispuser a aprender essa informação.

Talvez, tudo isso possa ser resumido na seguinte fala de Ausubel (1980, p. 193): "O fator isolado mais importante que influencia a aprendizagem é aquilo que o aluno já sabe, descubra isso e ensine-o de acordo". Certamente, não é diferente do nível de desenvolvimento efetivo ou real de Vigotski.

---

* A palavra subsunçor *não existe em português; trata-se de uma tentativa de aportuguesar a palavra inglesa* subsumer. *Seria mais ou menos equivalente a inseridor, facilitador ou subordinador.* (MOREIRA, 1999, p. 153)

3.2.3 Abordagem da psicologia educacional humanística

A psicologia humanística teve seu início nos anos 1940, nos Estados Unidos. Entre os primeiros teóricos do movimento humanista estão Abraham Maslow, Carl Rogers, Rolo May, Ludwig Binswanger. De acordo com Moreira (1999), Carl Rogers se tornou um dos principais representantes da psicologia humanística, aplicando suas orientações na psicologia educacional chamada *ensino centrado no aluno*. Mais recentemente, temos em Joseph Novack e D. Bob Gowin a defesa de um humanismo mais viável para ser aplicado na educação, chamado de *aprendizagem significativa*.

Mais do que um sistema, a psicologia humanística constitui uma nova abordagem da pessoa e de suas motivações. Para Maslow, esse movimento dentro da psicologia é considerado a "terceira força da psicologia", contrapondo-se à epistemologia determinista e mecanicista da psicanálise e do behaviorismo. A psicologia humanística foi influenciada pelo gestaltismo (do qual recebeu a ideia de psicologia molar, não molecular), pelas filosofias fenomenológica (Edmund Husserl) e existencialista (Karl Jaspers e Martin Heidegger). A psicologia humanística defende que a pessoa, como totalidade, usa a própria experiência para definir as suas atividades, de modo a atingir a autorrealização. (Azevedo, 1992)

Não poderia ser diferente, uma vez que tem reflexos do humanismo renascentista, que era considerado revolucionário por ser totalmente contrário à tradição medieval e à escolástica teocentrista*. Esse movimento de renovação intelectual e artística, iniciado na Itália no século XIV e que se disseminou posteriormente por toda a Europa, não negava Deus, mas combatia toda e qualquer classificação do homem em castas ou escalas hierárquicas, colocando, dessa forma, o homem como centro do universo

---

* *Teocentrismo: doutrina baseada na premissa de que Deus é o centro do universo.*

(antropocentrismo). Portanto, nessa visão, o homem é aquele que cria sua própria história. (Cotrim; Parisi, 1982; Cambi, 1999)

Na visão da abordagem humanística, o ser que aprende é visto primordialmente como pessoa. O aprendiz é visto como um todo – sentimentos, pensamentos e ações – não só intelecto. Nesse enfoque, a aprendizagem não se limita a um aumento de conhecimentos. (Moreira, 1999)

O humanismo certamente adota muitos dos preceitos do cognitivismo construtivista, porém traz a realização do homem à frente de qualquer ação educacional.

A aprendizagem centrada no aluno de Carl Rogers

A psicologia rogeriana é humanística e também fenomenológica, pois Rogers[*] defende que, para compreender o comportamento de um indivíduo, é importante entender como ele percebe a realidade: "Fenomenologicamente, o mundo de experiência do indivíduo é fundamentalmente privado. Assim o campo perceptual do indivíduo é, para ele, sua realidade." (Moreira, 1999, p. 141).

De acordo com Capelo (2000), a visão de Rogers, gradativamente atingiu profissionais em diversas áreas de atuação e, particularmente, no domínio da educação, acabando por se constituir em um movimento que é conhecido atualmente como *abordagem centrada na pessoa*. Esse movimento, conforme Capelo, pode ser definido como integrando três pressupostos de base:

1)Uma concepção do homem alicerçada nos princípios da corrente humanista da psicologia.

---

[*] **Carl Rogers**, *psicólogo americano, "foi pioneiro no desenvolvimento de métodos científicos que tinham como objetivo o estudo da mudança nos processos psicoterapêuticos, vindo a criar e a desenvolver um modelo de intervenção que designou inicialmente por terapia centrada no cliente". (CAPELO, 2000)*

2) Uma abordagem fenomenológica, que privilegia a experiência subjetiva da pessoa, implicando que o conhecimento que se tem do outro surge com base na compreensão do seu quadro de referências.

3) Uma forma de entrar em relação que se constitui como um encontro entre pessoas.

Carl Rogers (1986) defendia que o homem educado é o homem que aprendeu a aprender* e que, dentro do sistema educativo como um todo, deve se estabelecer um clima propício ao crescimento pessoal do aluno. Segundo o autor:

> Tem-se de encontrar uma maneira de desenvolver, dentro do sistema educacional como um todo, e em cada componente, um clima conducente ao crescimento pessoal; um clima no qual a inovação não seja assustadora, em que as capacidades criadoras de administradores, professores e estudantes sejam nutridas e expressadas ao invés de abafadas. Tem-se de encontrar, no sistema, uma maneira na qual a focalização não incida sobre o ensino, mas sobre a facilitação da aprendizagem autodirigida. (p. 244)

Para Rogers (1974), o sistema educativo deve ter sempre como objetivo o desenvolvimento do ser humano, de forma plena e, simultaneamente, que o conduza à sua autorrealização.

Assim, em vez de apresentar uma teoria de aprendizagem, Rogers (1974, 1986) propõe uma série de "princípios" que são, segundo sua abordagem, o "norte" do processo de aprendizagem:
1. Os seres humanos contêm em si uma potencialidade natural para aprender.

---

* O aprender a aprender de Rogers se refere a aprender a buscar o conhecimento. Não se refere exatamente a aprender como se aprende a refletir sobre seus próprios processos cognitivos, como em Novak e Gowin. (MOREIRA, 1999)

2. Não podemos ensinar. Apenas podemos facilitar a aprendizagem.
3. A aprendizagem significante* ocorre quando a matéria de ensino é percebida pelo aluno como relevante para seus próprios objetivos.
4. A aprendizagem que envolve mudança na organização do eu, na percepção de si mesmo, é ameaçadora e tende a suscitar resistência.
5. As aprendizagens que ameaçam o "eu" são mais facilmente percebidas e assimiladas quando as ameaças externas se reduzem a um mínimo.
6. Grande parte da aprendizagem significante é adquirida pela pessoa em ação, ou seja, pela sua experiência.
7. A aprendizagem é facilitada quando o aluno participa responsavelmente do processo de aprendizagem.
8. A aprendizagem autoiniciada que envolve a pessoa do aprendiz como um todo (sentimentos e intelecto) é mais duradoura e abrangente.
9. A independência, a criatividade e a autoconfiança são todas facilitadas, quando a autocrítica e a autoavaliação são básicas e a avaliação feita por outros têm valor secundário.
10. A aprendizagem socialmente mais útil, no mundo moderno, é a do próprio processo de aprender, uma contínua abertura à experiência e à incorporação, dentro de si mesmo, do processo de mudança (aprender a aprender).

---

* *Aprendizagem significante é mais do que uma acumulação de fatos. É uma aprendizagem que provoca uma modificação, seja no comportamento do indivíduo, na orientação da ação futura que escolhe, ou nas atitudes e na sua personalidade (ROGERS, 1978). Não é porém a mesma aprendizagem de Ausubel. Não que sejam inconsistentes, mas Ausubel focaliza muito mais o aspecto cognitivo da aprendizagem, enquanto, para Rogers, vai além do cognitivo, pois se refere à significação pessoal (MOREIRA, 1999).*

Percebemos que esses princípios podem orientar as praticas pedagógicas em cursos a distância, favorecendo o processo de aprendizagem.

Nessa perspectiva, para Rogers, os sistemas educacionais devem facilitar a mudança e a aprendizagem. O autor diz, ainda, que a sociedade contemporânea se caracteriza pela dinamicidade, pela mudança, não pela tradição nem pela rigidez. (Moreira, 1999) Para explicar o que seria essa facilitação, Rogers (1986, p. 105-106) afirma:

> *A iniciação dessa aprendizagem não repousa em habilidades de ensino do líder, nem em sua erudição, nem em seu planejamento curricular, nem no uso que ele faz de recursos audiovisuais. Também não repousa nos materiais programados que ele usa, nem em suas aulas, nem na abundância de livros, apesar de que cada um desses recursos possa em um certo momento ser importante. Não, a facilitação da aprendizagem significante repousa em certas qualidades atitudinais que existem na relação interpessoal entre facilitador e aprendiz.*

Mas que atitudes seriam essas? Rogers (1986) não deixa evasiva sua fala e diz que atitudes considera fundamentais para um facilitador da aprendizagem:

» **Autenticidade no facilitador de aprendizagem** – É necessário ser verdadeiro, autêntico, mostrar-se. O facilitador é uma pessoa real, por isso pode mostrar-se entusiasmado ou entediado, simpático ou zangado com os aprendizes. Assim, ele se torna pessoa perante os alunos.

» **Prezar, aceitar, confiar** – Deve-se possuir a capacidade de aceitar a pessoa do aluno, os seus sentimentos, as suas opiniões, com valor próprio e confiar nele sem o julgar.

» **Compreensão empática** – Compreender as reações do

aprendiz. É uma atitude de se colocar no lugar do aluno. Essa compreensão faz com que o aluno se sinta compreendido em vezes de julgado e avaliado. A compreensão empática acontece: "Quando o professor tem a capacidade de compreender internamente as reações do estudante, tem uma consciência sensível da maneira pela qual o processo de educação e aprendizagem se apresenta ao estudante." (p. 131)

É possível ver, então, que a abordagem de Rogers implica um processo de ensino-aprendizagem a distância centrado no aluno. Isso exige que se confie na potencialidade do estudante para aprender, que se o deixe livre para manifestar seus sentimentos, escolher suas direções, formular e resolver seus próprios problemas, para aprender e viver as consequências de suas escolhas.

3.3 Aprendizagem do adulto

Vamos discutir agora uma corrente que muda um pouco o cenário, que discute aprendizagem do ser humano em qualquer idade e centra-se somente na aprendizagem do adulto. Essa abordagem tem influência principal na concepção cognitivista. Denomina-se essa corrente de *andragogia*.

Esse termo é mais utilizado nos países anglo-saxônicos. Foi adotado na Eslovênia e em outros países da Ex-Iugoslávia e normalmente é utilizado para designar a ciência da educação de adultos. Por exemplo, Andragoski Center Slovenije (Centro Esloveno de Educação de Adultos), *andragoska metodika ali didaktika* (métodos ou didáticas de andragogia). É um termo geralmente pouco reconhecido e o seu significado raramente é definido corretamente. Isso se deve ao fato de a andragogia e de a educação de adultos serem atividades e áreas recentes ainda a serem reconhecidas. (Federighi; Melo, 1999).

Davenport (1987) diz que o termo *andragogia* é apresentado em 1833 pelo alemão Alexander Kapp, que o usou para descrever a teoria educacional de Platão. Porém, o alemão John Frederick Herbert desaprovou o termo, sendo então esquecido durante quase um século. Na década de 1920, ele reapareceu na Europa. Nos Estados Unidos foi introduzido por Martha Anderson e Eduard Linderman, Em Knowles (1980), tem-se que, somente em 1960, num *workshop* em Boston, apresentou-se o termo *andragogia* que significava a "arte e a ciência de ajudar o adulto a aprender".

Conforme o autor, os olhares para a aprendizagem de adultos se voltaram logo após o fim da Primeira Guerra Mundial. Tanto nos Estados Unidos quanto na Europa, começou a emergir um corpo crescente de noções sobre as características peculiares dos estudantes adultos. Contudo, somente nas últimas décadas, essas noções evoluíram para um *framework* integrado de aprendizagem de adulto.

Primeiramente, é necessário entender quem é o aluno adulto. Conforme Holmes e Abington-Cooper (2000), a idade é a característica frequentemente mais mencionada quando se descreve o estudante adulto. Mas diz que a diferença vai além de idade e anos. Essa diferença é descrita por Knowles (1980), que explica que há, pelo menos, quatro definições viáveis de adulto:

» **Definição biológica** – Define-se um ser humano biologicamente adulto quando ele alcança a idade na qual pode se reproduzir.

» **Definição legal** – Torna-se legalmente adulto quando se alcança a idade em que a lei permite votar, ter licença de motorista, casar, entre outras ações.

» **Definição biológica** – É considerada socialmente adulta a pessoa que começa a desenvolver papéis, tais como trabalhador, cônjuge, cidadão politicamente ativo, entre outros.

» **Definição psicológica** – O homem é considerado

psicologicamente adulto quando alcança um autoconceito e passa a responder por sua vida e se autodirige.

Knowles (1980) diz que, para a aprendizagem, o que mais influencia é a definição psicológica e ele acredita que, para a maioria das pessoas, essa definição não acontece antes da faculdade, de conseguir um emprego e de constituir uma família.

Certamente, o autor só estava tentando exemplificar, porém é possível se ter uma ideia, nesse caso, de quem seria o aluno adulto. Em regra geral, alunos que seguiram sua escolaridade normal seriam considerados adultos basicamente ao término do curso superior, quando estariam entrando no mercado de trabalho e assumindo outras responsabilidades. Contudo, Holmes e Abington-Cooper (2000) dizem que é confuso conceituar o estudante adulto. Assim, observa-se que identificar o aluno adulto e suas diferenças de aprendizagem dos pré-adultos não é algo simples.

De acordo com Davenport (1987), descobrir a diferença do adulto que aprende em comparação a uma criança ou adolescente tem sido um esforço nas pesquisas de educação de adultos.

Knowles (1980) continua: para ele, houve poucas pesquisas e trabalhos escritos sobre a aprendizagem de adultos. Esse autor salienta, ainda, que isso é surpreendente devido ao fato de todos os grandes mestres da Antiguidade – Confúcio e Lao Tsé; os profetas hebreus e Jesus, nos tempos bíblicos; Aristóteles, Sócrates e Platão, na Grécia Antiga; e Cícero, Evelide e Quintiliano, na Roma Antiga – eram todos professores de adultos, não de crianças. Assim eles desenvolveram um conceito de ensino-aprendizagem bem diferente daquele que dominou a educação formal. Eles entendiam a aprendizagem como um processo de investigação mental, não como recepção passiva do conceito transmitido.

O autor ressalta que duas linhas de investigação se desenvolveram logo após a fundação da Associação Americana para a

Educação de Adultos, em 1926. Uma linha pode ser classificada como linha de pesquisa científica, e a outra, linha artística intuitiva/reflexiva.

A primeira busca descobrir um novo conhecimento por intermédio de rigorosa investigação e foi lançada por Edward Thorndike, com a publicação de *Aprendizagem adulta*, em 1928. O título, no entanto, é equivocado, sendo que Thorndike não se preocupou com processos da aprendizagem adulta e, sim, com a habilidade de aprendizagem. Seus estudos demonstraram que os adultos podiam aprender. Isso foi importante porque forneceu uma fundamentação científica para um campo que tinha sido baseado somente na crença de que adultos podiam aprender.

A segunda, por outro lado, que busca descobrir novos conhecimentos por intuição e análise da experiência, estava preocupada em como o adulto aprende. Essa linha de investigação foi lançada com a publicação de *O significado da educação de adultos*, de Eduard C. Lindeman, em 1926, fortemente influenciada pela filosofia educacional de John Dewey (Gomes, 2000).

Linderman, em 1926, pesquisando as melhores formas de educar adultos para a American Association for Adult Education percebeu algumas impropriedades nos métodos educacionais utilizados e afirmou, conforme Knowles (1980, p. 36):

Nosso sistema acadêmico se desenvolveu numa ordem inversa: assuntos e professores são os pontos de partida, e os alunos são secundários. [...] O aluno é solicitado a se ajustar a um currículo pré-estabelecido. [...] Grande parte do aprendizado consiste na transferência passiva para o estudante da experiência e conhecimento de outrem.

Assim, Linderman, citado por Knowles (1980), fundamenta uma abordagem sobre a aprendizagem de adultos. Nessa abordagem, o autor declara algumas características da educação do adulto, conforme segue:

> » **Currículo voltado para o interesse do aluno** – "Na educação convencional exige-se que o estudante se ajuste a um currículo estabelecido; na educação de adultos o currículo é elaborado ao redor das necessidades e interesses do estudante." Material didático e professores desempenham um novo e secundário papel nesse tipo de educação. O estudante é o centro do processo.
>
> » **A relevância da experiência do estudante** – O recurso mais valioso na educação de adultos é a experiência do estudante. A experiência é de imensa relevância para a aprendizagem do adulto.
>
> » **Não ao ensino diretivo e autoritário** – A prática pedagógica autoritária não tem lugar na educação de adultos.
>
> » **Um conceito dinâmico da inteligência** – A teoria de aprendizagem de adultos apresenta um desafio para os conceitos estáticos da inteligência, para as limitações padronizadas da educação convencional e para a teoria que restringe as facilidades educacionais a uma classe intelectual. Os estudantes adultos são justamente aqueles cujas aspirações intelectuais são menos prováveis de serem despertadas pelas instituições de aprendizagem convencionalizadas, rígidas e inflexíveis.
>
> » **Relação teoria-prática** – A educação para adultos deve ser uma aventura cooperativa na aprendizagem informal e não-autoritária, com o propósito de descobrir o significado da experiência, uma técnica de aprendizagem para adultos que faz a educação relacionar-se com a vida.

Conforme Knowles (1980), as ideias de Linderman são fundamentais para retratar um modo novo de pensar a respeito da aprendizagem de adultos. Linderman enfoca, assim, alguns preceitos para a aprendizagem na educação de adultos:

» **Necessidades e interesses** – Os adultos são motivados a aprender quando possuem necessidades e interesses que a aprendizagem satisfará. Então, esses são os pontos de partida apropriados para organizar as atividades de aprendizagem de adultos.

» **Situações da vida** – A orientação de adultos para a aprendizagem é centrada na vida; portanto, as unidades apropriadas para organizar a aprendizagem de adulto são as situações da vida, não os conteúdos do programa formal.

» **Experiência** – Esse é o recurso mais rico para a aprendizagem de adultos. Então a metodologia básica da educação de adultos é a análise da experiência.

» **Autodireção** – Os adultos têm uma grande necessidade de autodirecionamento, então o papel do professor é engajar-se num processo de mútua investigação em lugar de transmitir o conhecimento que acumulou para depois avaliar a adequação deles em relação ao processo.

» **Diferenças de aprender** – As diferenças individuais entre as pessoas aumentam com a idade; portanto, a educação de adultos deve considerar as diferenças de estilo, tempo, local e ritmo de aprendizagem.

Seria então a andragogia uma teoria de aprendizagem? Há então uma dicotomia entre pedagogia e andragogia?

Apesar de Knowles (1980) ter chamado a abordagem de Linderman de *teoria*, em seu livro, explica que, para Linderman, a andragogia era uma nova técnica de aprendizagem, uma técnica importante tanto para um pós-graduando quanto para um analfabeto. Salienta ainda que Linderman não dicotomizou a educação em para adultos e para pré-adultos, mas, sim a, educação convencional* *versus* a de adultos.

Entretanto, Knowles desenvolveu a sua visão de andragogia como um paralelo à pedagogia, focalizando seus argumentos na origem das palavras. Dessa forma, andragogia significava ensinar adultos, enquanto pedagogia significava ensinar crianças. Compreendia assim que o modelo pedagógico era o convencional, que se propunha somente a transmitir informações e habilidades. Enquanto o modelo andragógico fornecia instrumentos para facilitar que o estudante adquirisse informações e habilidades, esse modelo ia muito além da mera transmissão, pois o professor planejaria estratégias para envolver os estudantes no processo de aprendizagem. Na elaboração dessas estratégias seriam considerados:

» estabelecimento de um clima conducente para aprender;
» criação de mecanismos para planejamento em conjunto;
» diagnóstico das necessidades de aprendizagem;
» formulação de objetivos e conteúdos para atender a essas necessidades;
» projeção de um padrão de experiências de aprendizagem;
» administração dessas experiências de aprendizagem com materiais e técnicas apropriadas;
» avaliação dos resultados de aprendizagem e apontamento de um novo diagnóstico das necessidades.

Assim, Knowles defende, conforme Holmes e Abington-Cooper (2000), uma educação para adultos que desenvolvesse o todo – emocional, psicológico e intelectual – e que a andragogia era a metodologia de ensino adequada para esse fim.

Embora a andragogia tenha se tornado popular dentro e fora do círculo de educação de adultos, ela mesma teve também seus

---

* *Educação convencional é entendida como educação baseada no associacionismo mecanicista.*

oponentes. Muitas das controvérsias foram geradas pela própria expressão *educação de adultos* (Davenport, 1987).

Pode-se ver, por exemplo, em Houle (1972), essa oposição, quando prefere ver a educação como um processo humano único. Afirma que embora haja diferenças entre crianças e adultos, as atividades de aprendizagem não se diferenciariam por esse motivo. Dessa forma, rejeitou a andragogia como um princípio organizacional em educação de adultos, apontando-a como uma técnica. Assim como Houle, também London (1973) e Elias (1979) questionaram o *status* da teoria andragógica, quanto à sua utilidade geral e no que ela seria diferente da educação progressiva aplicada a adultos. Assim, preferiram também enfatizar a unidade da educação.

Hartree (1984) questionou se as suposições básicas sobre o adulto estavam pautadas por uma teoria ou uma prática de andragogia e afirmou que o trabalho de Knowles apresentava três dificuldades para educadores de adultos:

» confusão para saber-se se a teoria dele era de ensino ou de aprendizagem;
» confusão sobre as relações que ele identifica a respeito da aprendizagem de uma criança e de um adulto;
» ambiguidade entre se ele está lidando com teoria ou com prática.

Também Kerka (1999) mostra que a andragogia foi criticada por caracterizar os adultos como nós esperamos que eles sejam, em lugar de como eles são realmente. Assim, cada uma dessas características é contestada. Courtney et al., citados pela mesma autora, afirma que as características do estudante adulto se baseiam ainda em um número pequeno de fatores identificados com pequena evidência empírica para apoiá-los.

Alguns ainda questionam até que ponto essas características são somente de adultos. Elas mostram que alguns adultos são altamente dependentes, enquanto algumas crianças são completamente independentes. Por vezes, a experiência de vida de um adulto pode se transformar em barreira para a sua aprendizagem, enquanto as experiências da criança podem ser qualitativamente ricas. (Merriam, 2001; Vaske, 2001)

A ênfase de autonomia e autodireção também é criticada por ignorar o contexto. Podem ser marginalizados os adultos em ensino superior ou em qualquer outro nível de formação, sendo privados de voz e poder. A aprendizagem pode ser coercitiva e obrigatória, contradizendo a suposição de que a participação do adulto é voluntária (Kerka, 1999). Os adultos não se autodirigem automaticamente ao alcançar a maioridade. Inclusive, alguns não são psicologicamente preparados para isso e precisam de ajuda para dirigir a própria aprendizagem. Podem se autodirigir em algumas situações, mas em outros momentos pode preferir ou precisar da orientação de outros (Courtney et al., 1999).

Kerka (1999), na sua análise, corrobora quando diz que discorda da condição de que andragogia é para educação de adultos e que pedagogia é para educação de crianças. Conforme essa autora, embora a origem etimológica da palavra *pedagogia* seja ensinar crianças, desde a Antiguidade sempre representou educação, de modo geral, sem nenhuma referência às idades dos estudantes.

É possível identificar, então, mais um impasse, agora um pouco diferenciado, pois não se resguarda somente a concepções filosóficas da aprendizagem, mas a diferenças da aprendizagem entre crianças e adultos, colocando de um lado a pedagogia e do outro a andragogia. Fica evidente que essa separação se dá no momento em que se compreende que com adultos não deve se ter uma postura educacional mecanicista.

O modelo mecanicista não satisfaz às necessidades seja de crianças ou de adultos. Dessa forma, se a abordagem andragógica pretende prover "um ambiente de aprendizagem significativo, mutuamente respeitoso, de colaboração e encorajador, certamente ele é conducente para todas as idades" (Sipe, 2001; Guffey; Rampp, 1997).

Portanto, as proposições da educação de adultos não seriam base para uma nova teoria de aprendizagem, mas uma abordagem pedagógica diferenciada para adultos, que atende às características desse aprendiz, tendo-se clareza que seus princípios são válidos e defendidos, por exemplo, nas teorias construtivistas, para a educação em qualquer idade.

Enfim, independente de qualquer posicionamento, há nessas discussões certamente ganhos educacionais. Davenport (1987) confirma essa ideia quando diz que essa discussão acabou por trazer benefícios, pois fez com os educadores refletissem sobre a aprendizagem do adulto.

Procuramos apresentar por meio de Rogers e dos teóricos da andragogia uma abordagem que contraria o comportamentalismo, que não é contra o cognitivismo, mas que busca um processo educacional a distância, que vá além das preocupações com as estruturas mentais e que se preocupe com a formação do homem na sua plenitude, intelectual, biológica, emocional e, por que não dizer, espiritual.

Essa visão desafia as posturas estabelecidas nos vários setores da sociedade e, entre eles, a educação. Ousar é certamente a palavra-chave para colocar em prática tais visões. Sair da teorização e levá-las para a prática é assumir as barreiras de um sistema dominante que, como diz Demo (1994), "não tem medo do pobre, mas tem medo de quem é capaz de pensar".

Para concluir este capítulo, podemos dizer que com base na análise das correntes filosóficas, das concepções da cognição e de suas teorias de aprendizagem, observa-se que não faltam teorias para orientar as iniciativas de EaD, bem como para garantir a motivação dos alunos e assegurar a maior aprendizagem no mais curto espaço de tempo, nem, por fim, para criar as condições que façam de cada aluno um cidadão perfeito.

Capítulo 4

Educação bimodal e EaD

Neste capítulo, você conhecerá os diferentes modelos que envolvem a educação a distância. Quando um curso é considerado a distância e quando é considerado bimodal? Acreditamos que você quer deixar isso tudo bem claro. Então, vamos em frente!

4.1 Modelos educacionais

Vimos, na primeira unidade temática de estudo, que a EaD se caracteriza como o sistema educacional em que há total separação física entre professor e aluno. Porém, quando discutimos modelos de educação a distância, percebemos que a fronteira entre a modalidade a distância e a modalidade presencial encontra-se cada vez menos nítida. Isso pode ser visto principalmente nos modelos bimodais ou também chamados de *semipresenciais* ou ainda de *educação mista*. A expressão *educação mista* tem sido utilizada na tentativa de caracterizar os sistemas educacionais que misturam aulas presenciais e a distância. (Tori; Ferreira, 1999)

Mas onde está o ponto de equilíbrio que define se é um modelo presencial, a distância ou bimodal?

Para Pimentel e Andrade (2008), a classificação de um sistema educacional como presencial, bimodal ou a distância dependerá do tempo médio que os alunos empregam para cada tipo de comunicação (presencial ou a distância).

Veja como os autores representam a classificação dos sistemas:

Figura 2 – Classificação dos sistemas educacionais em função do tempo de comunicação "presencial" e "a distância"

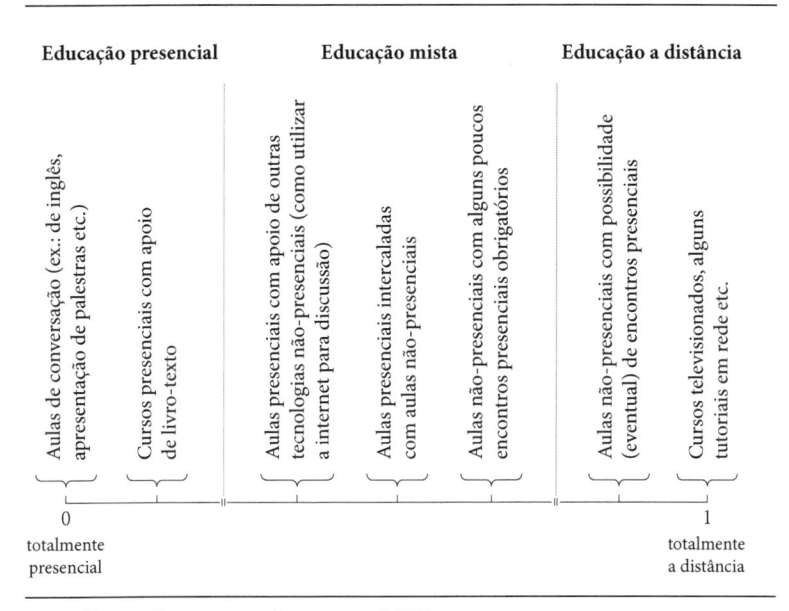

Educação presencial		Educação mista			Educação a distância	
Aulas de conversação (ex.: de inglês, apresentação de palestras etc.)	Cursos presenciais com apoio de livro-texto	Aulas presenciais com apoio de outras tecnologias não-presenciais (como utilizar a internet para discussão)	Aulas presenciais intercaladas com aulas não-presenciais	Aulas não-presenciais com alguns poucos encontros presenciais obrigatórios	Aulas não-presenciais com possibilidade (eventual) de encontros presenciais	Cursos televisionados, alguns tutoriais em rede etc.

0 — totalmente presencial .... 1 — totalmente a distância

Fonte: PIMENTEL; ANDRADE, 2008.

Essa figura mostra que, em diversos sistemas educacionais, não está presente a bilateralidade "presencial" ou "a distância". A classificação de um sistema educacional como presencial ou a distância dependerá, portanto, do tempo médio que os alunos empregam para cada tipo de comunicação (presencial ou a distância).

Então, nesta unidade, vamos conhecer um pouco mais do modelo bimodal e do modelo a distância.

4.1.1 Modelo bimodal

Esse termo é utilizado para caracterizar o ensino realizando com parte em forma presencial (com presença física, numa sala de aula) e parte em forma virtual ou a distância (com pouca presença física), por meio de tecnologias de comunicação.

Esse conceito começou a ser mais utilizado com base no surgimento de novas tecnologias que permitiram o aprimoramento do EaD. Dessa forma, tornou-se possível incluir num mesmo curso atividades presenciais ou não presenciais:

> *Nesse processo, professores e alunos podem estar juntos, fisicamente, ou estar conectados, interligados por tecnologias impressas (livros, apostilas, jornais), sonoras (rádio, fitas cassete), audiovisuais (TV, vídeo, CD-ROM) ou telemáticas (internet).* (Ensino Semipresencial, 2002)

Essencialmente, o uso do modelo bimodal é uma nova forma de ensinar e aprender e tem se mostrado a "nova onda" principalmente no ensino superior.

Entre as vantagens de aprendizagem, encontra-se a oportunidade de estabelecer rapidamente um senso de comunidade entre os alunos (Garrison; Kanuka, 2004). No modelo bimodal, os alunos têm oportunidade de se reunirem face a face nos estudos em sala de aula e, em seguida, têm oportunidades de trocar experiências, realizar debates e essencialmente participar de uma diversidade de formas de comunicação em um ambiente virtual. Essas oportunidades podem facilitar uma reflexão maior e também a construção de conhecimentos por meio das interações diferenciadas.

Tem se mostrado vantajoso também em relação à evasão. Os modelos bimodais tem se mostrado mais interessantes aos alunos que os presenciais, diminuindo as taxas de abandono.

O modelo bimodal também pode fornecer outros benefícios. As teorias de aprendizagem construtivistas têm mostrado que modelos que concentram as aulas na transmissão de informações em vez de se concentrar na aprendizagem não são muito eficazes para os alunos em termos de longo prazo de retenção e de utilização (Salmon, 2000). Em outras palavras, essas teorias sugerem que é importante aprender o conteúdo de forma interativa, considerando-se as necessidades e os interesses individuais, de forma que estes possam fazer as conexões do conteúdo com a realidade.

Isso pode ser especialmente verdadeiro, utilizando as tecnologias de informação e comunicação, uma vez que elas potencializam a colaboração e o gerenciamento da aprendizagem pelos alunos.

Tecnologias, como a videoconferência, *webconferências, streaming* vídeo, *blogs*, comunidades virtuais, *wikis*, entre outras são hoje comuns nos modelos bimodais.

Outro aspecto interessante no modelo bimodal é a possibilidade de os estudantes além de fortalecer as relações entre si, fortalecer o relacionamento com o professor. Isso ocorre por ter mais recursos disponíveis que favoreçam as conexões entre as pessoas.

No entanto, para que isso aconteça, os estudantes precisam entender os novos métodos e formas de aprendizagem caso contrário o sentimento será de isolamento, de desconexão com a turma e com o professor, além do descomprometimento com o estudo.

Outro fator importante a ser considerado está relacionado ao próprio professor, que pode não ter as competências necessárias para ensinar efetivamente em um modelo de ensino bimodal. A necessidade de planejamento adicional, de material didático adequadamente preparados, entre outros cuidados que devem ser estruturados com antecedência, são barreiras para alguns educadores que não têm tempo nem preparação para atuar nesse modelo.

Percebe-se, portanto, que assim como em qualquer outro modelo de ensino, professores e alunos precisam entender e desenvolver competências específicas para atuar no modelo de ensino bimodal.

4.1.2 Modelo a distância

Por muito tempo, pensou-se que estudar a distância era sinônimo de estudar sozinho, separado no tempo e no espaço e que a qualidade dos cursos ou programas a distância centrava-se basicamente em um bom material pedagógico, seja na forma impressa, por fita cassete/vídeo, rádio ou mesmo a internet era assegurada a facilitação do processo ensino e aprendizagem dos estudantes. Era dada pouca atenção ao processo comunicativo entre os envolvidos. Quando havia, era de mão única: da instituição para os estudantes.

Porém, o modelo a distância, hoje, principalmente com as possibilidades da internet, tem priorizado, em suas metodologias, a comunicação de diversas formas: um para um, um para muitos, muitos para muitos.

Nesse sentido, favorecer o estabelecimento de vínculos é um bom desafio para as instituições de ensino, abrangendo todos os cursos, objetivo possível de ser conquistado por meio de um processo de comunicação mediatizado. Ao articular um bom processo de comunicação as barreiras espaço-temporais serão minimizadas, bem como o aprendiz se sentirá menos solitário. Haverá, ainda, o estímulo de um processo de ensino-aprendizagem colaborativo.

A tarefa de estruturar um processo comunicativo multidirecional, que estimule a interação entre os envolvidos, pode parecer difícil na medida em que sejam empregadas tecnologias de ponta e que se compreenda não serem essas tecnologias suficientes para fazer acontecer a interação. Segundo Grüdtner et al. (2006), apesar de serem apenas meios, as tecnologias "são eficazes se usadas adequadamente com base em uma proposta pedagógica que priorize um aprendizado dinâmico, ativo, colaborativo e com interações."

Além de uma proposta pedagógica adequada, conforme as mesmas autoras, é preciso associar ao modelo "uma equipe de profissionais capacitados, trabalhando de forma integrada e colaborativa".

As autoras, baseando-se em Belloni, apresentam que, enquanto no modelo presencial o professor é responsável individualmente pelo processo de ensino-aprendizagem, no modelo a distância essa responsabilidade é distribuída para uma equipe de especialistas em: conteúdos, educação, produção de materiais didáticos para diferentes meios, tutoria, monitoria etc. Segundo a autora, o papel do professor muda de uma entidade individual para uma entidade coletiva, o que ela prefere denominar de *professor coletivo*.

As autoras acrescentam que Guarezi (2004) compartilha do mesmo ponto de vista da autora e afirma que em cursos a distância devem participar agentes das áreas pedagógica, tecnológica e administrativa. E que todos os integrantes que se envolvem em um curso a distância devem ter conhecimentos da EaD, pois esses conhecimentos contribuirão tanto com a realização dos trabalhos, como facilitarão as inter-relações entre eles, dando aos envolvidos a visão geral dos processos desse modelo de ensino.

Outro aspecto relevante no modelo a distância é o seu público-alvo predominantemente adulto.

Por muito tempo, as instituições provedoras de EaD estruturavam seus cursos considerando que, por terem uma clientela adulta, o estudo deveria ser autodirigido, tendo como fator-chave materiais autoinstrucionais com poucas possibilidades de interlocução entre estudantes e instituição. Porém, nenhum ato de aprender é completamente autodirigido, de forma que o estudante seja tão autoconfiante a ponto de excluir todas as fontes externas ou estímulos, conforme nos mostra Brookfield (1986).

Esse autor já salientava que os indivíduos adultos podem possuir autonomia em compromissos profissionais, familiares e pessoais, mas com o processo de estudo é raro.

A alternativa para que a instituição conheça as reais necessidades e as características de seus alunos é por meio do acompanhamento, mantendo ações de apoio e orientação, essenciais para o estudante a distância.

Grüdtner et al. (2006), baseando-se nas obras de Aretio, Landim e Gomes, apresentam que *os atores responsáveis pelo acompanhamento devem [...] ter três funções principais: orientadora – ligada diretamente aos aspectos afetivos, às atitudes e emoções; investigativa – refere-se ao tutor/monitor como pesquisador, aquele que revê procedimentos, estuda situações, averigua dificuldades, registra e propõe mudanças e colaborativa – relacionada com o atendimento técnico-administrativo.*

A interação é muito importante nesse modelo. Da mesma forma que a comunicação possibilita conhecer as necessidades e as expectativas dos estudantes, sem interação o processo de aprendizagem não acontece. Entende-se por interação um processo comunicativo centrado em uma relação dialógica, horizontal entre os pares envolvidos e a interatividade destes com o objeto de conhecimento (Freire, 1987).

Grüdtner et al. (2006), baseando-se nos dizeres de Belloni, ressaltam:

interação, no conceito sociológico, é a ação recíproca entre dois ou mais atores onde ocorre intersubjetividade, isto é, o encontro de dois sujeitos – que pode ser direta ou indireta (mediatizada por alguma tecnologia); já o termo interatividade, é usado para designar a atividade humana, do usuário, de agir e receber uma retro alimentação (CD-ROM de consulta, hipertextos em geral, ou jogos informatizados) de uma máquina.

O processo interativo mediatizado propiciado pelas tecnologias interativas síncronas (*chat*, teleconferência, videoconferência) e assíncronas (*e-mail*, listas de discussões, fórum, comunidades de práticas), e as possibilidades de ações pautadas na interatividade (jogos interativos, simuladores) e advindas das quarta e quinta gerações tecnológicas da EaD estão revolucionando o conceito de distância e de possibilidades de comunicação. Tanto a possibilidade de interação como de interatividade, pautadas em uma proposta pedagógica adequada, estão revolucionando o processo de ensino-aprendizagem. Estudar a distância não significa mais estudo individualizado e solitário. O aspecto essencial não é mais a distância física e, sim, um redimensionamento do espaço temporal no processo de ensino-aprendizagem.

Enfim, com a crescente utilização dessas tecnologias, esse modelo de ensino está perdendo suas características iniciais que estavam pautadas na separação física entre estudantes e instituição, pois está rompendo com a relação de tempo-espaço que constitui a escola que se conhece.

Para finalizar, cada vez mais, os sistemas de ensino têm buscado atender aos diferentes estilos de aprendizagem e às diferentes realidades de seu público-alvo. Nessa busca, vamos encontrar como resposta sempre os diversos modelos de ensino, nunca se contrapondo e sempre se complementando. Então, lembre-se de que, ao discutir modelos educacionais, o interesse sempre é mostrar as diferentes possibilidades de promover a educação, fazendo com que cada vez mais pessoas possam ter acesso à formação básica, à formação de nível superior e à formação permanente.

Capítulo 5

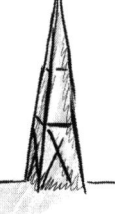

* *Este capítulo contém trechos da dissertação de mestrado da autora Rita de Cássia Menegaz Guarezi.*

Os diferentes meios utilizados na EaD*

Você conhece os meios utilizados na EaD? Sabe qual a relação dos meios com o perfil dos alunos? Pois bem, neste capítulo, você terá a oportunidades de explorar esses meios.

5.1 Categorias de meios

Como você deve ter percebido, tanto no modelo bimodal quanto no modelo distância, os meios para mediatizar o conteúdo e o processo de comunicação são de extrema necessidade e importância. Por esse motivo, queremos destacar alguns meios bastante utilizados nesses modelos, bem como mostrar sua aplicação para a aprendizagem.

A seguir, destacamos os diferentes meios em categorias: material impresso, audiovisuais e internet.

5.1.1 Material impresso

Como foi destacado no histórico, a EaD iniciou utilizando exclusivamente a correspondência – mídia impressa. O material impresso ainda é utilizado na maioria dos cursos de EaD e bimodais. Em muitos casos, essa mídia é o suporte básico dos cursos. Eles podem se apresentar em forma de livro-texto, guias de estudo, cadernos de exercícios, estudos de caso, leituras complementares, entre outras.

Smith, citado por Aretio (1994), explica o porquê dessa mídia ser tão utilizada quando afirma que a palavra impressa ainda é o meio mais fácil de atingir um maior número de pessoas, pois, diferentemente de recursos tecnológicos mais avançados, pode ser facilmente levada de um lugar a outro e a maioria dos adultos sabe como utilizá-la pela sua própria experiência no ensino presencial.

Sabemos que a leitura de material impresso ainda é preferida por muitas pessoas, que, mesmo tendo acesso à internet, tendem a imprimir os conteúdos para ter na mão um papel, que entendem ser mais fácil de ler.

Bates (1997) coloca outra vantagem significativa. Em cursos de longa escala, ou seja, cursos que atendem ao mesmo tempo a um grande número de alunos, o material impresso é uma alternativa de baixo custo, seja ele enviado pelos Correios ou via internet. Os materiais impressos enviados pelos Correios permitem a utilização de recursos gráficos tanto em sua diagramação quanto no *design* da encadernação, dando uma qualidade especial à apresentação do material. No caso do material via internet, esses recursos dificultam o seu envio, pois necessitam de um maior espaço na memória do computador. Por outro lado, o computador facilita o envio do material aos alunos e dá mais flexibilidade quanto ao seu uso, sendo que o aluno pode imprimir por partes, recortar e colar o que lhe convier, utilizar em outros documentos e/ou somente deixá-lo armazenado para pesquisa.

No entanto, Aretio (1997) também apresenta algumas limitações para essa mídia quando utilizada sozinha: a interação é limitada, a linearidade do material impresso nega seu acesso global de modo imediato, as produções gráficas coloridas encarecem o material, as novas gerações buscam mídias mais interativas para conseguirem informações, a falta de recursos audiovisuais ou informáticos dificulta o despertar do interesse do aluno.

Quanto à última desvantagem, Moore e Kearsley (1996) destacam que nem sempre a motivação está vinculada à mídia utilizada, mas certamente um material impresso de baixa qualidade e pouco atrativo resulta na desmotivação do estudo, não estando dessa forma a culpa na mídia em si, mas nos produtores do referido material.

Esses autores mostram que o tempo de dedicação para a produção do material impresso é fundamental. Exemplificam que, em alguns casos, são necessários meses de trabalho na produção de um material para garantir a sua qualidade. Isso pode ser um tanto exagerado, mas certamente, diante de prazos extremamente apertados, acredita-se que não somente a mídia impressa perderia a qualidade, mas qualquer outro tipo de mídia.

Assim, entendemos que o cuidado na elaboração e na apresentação do material impresso faz diferença para a motivação dos estudos e, consequentemente, traz resultados mais positivos na aprendizagem.

Laaser (1997) e Aretio (1997) orientam como produzir material impresso de qualidade que atenda às expectativas dos alunos, motivando-os ao EaD.

Percebemos que essas orientações básicas são adequadas tanto para materiais enviados pelos Correios, como materiais enviados pela internet.

Aretio orienta que o material elaborado para a EaD, dirigido aos alunos adultos, deve contemplar funções que caberiam a um professor na modalidade presencial. Laaser destaca que há uma grande diferença entre elaborar material para ensino a distância e para ensino presencial, pois no presencial tem-se o professor para mediar, enquanto que, a distância, essa função passa a ser do material.

O autor diz que há formas diferentes de escrever. O texto pode apresentar-se de forma criativa, ou seja, por meio de contos e canções pode-se fazer a reconstrução imaginativa da realidade ou em forma de redação formal, que significa apresentar o texto de forma expositiva. Independente da forma escolhida, escrever para pessoas que estudar a distância exige uma redação, segundo esse autor, "essencialmente didática", isto é, há uma necessidade obrigatória de dialogar com os leitores por intermédio do texto. Precisam primar por uma aprendizagem ativa, ou seja, aquela em que o aluno se envolve ativamente no processo educacional. Por essas razões, os elaboradores de materiais para EaD têm uma função bastante diferente da do redator de livros-texto comuns.

Nossos autores de referência apresentam algumas características essenciais para a elaboração dos materiais impressos para EaD, para que se tornem facilitadores da aprendizagem. Resumidamente, pode-se descrevê-las assim:

» **Título** – O título deve convidar à leitura e incitar a curiosidade do aluno.
» **Objetivos** – É importante deixar claro para os alunos as propostas e as metas que se quer atingir, para que os alunos conheçam o princípio do que vão aprender e os conhecimentos e destrezas que alcançarão, uma vez compreendido o texto.
» **Introdução** – Deve ser motivadora e esclarecedora, levando o aluno a entender como será proveitoso aquele texto para suas vidas pessoal e profissional, tanto no presente quanto no futuro.
» **Integração** – O texto deve estar conectado com as demais unidades trabalhadas, assim como com as experiências anteriores dos alunos.
» **Adequação** – Todo material deve estar adequado ao perfil do aluno e ao nível de formação dele.
» **Comunicação bidirecional** – O texto deve ser dialógico.
» **Envolvimento ativo do aluno** – O texto deve fazer com que o aluno reflita, discuta e proponha.
» **Clareza da estrutura** – Deve apresentar-se de forma clara, fluente e de fácil compreensão.

Bem, você pode perceber que o material didático para impressão, seja via Correios ou internet, é, sem dúvida, um meio importante e ainda muito utilizado na EaD. Agora, falaremos sobre os meios audiovisuais.

5.1.2 Audiovisuais

Recursos audiovisuais são meios que permitem melhorar a comunicação, destacando o vídeo, o rádio, a TV, a fita cassete, os discos compactos, entre outros. A característica principal dessas mídias, que aparecem basicamente na segunda geração da EaD, é a possibilidade de integrar som e imagens ao texto. (Aretio, 1994)

Segundo autores como Gardner (1994), Babin, Kouloumdjian (1989) e Ferrés (1996), as pessoas utilizam diferentes caminhos neuronais para aprenderem, sendo que algumas são mais visuais, outras cinestésicas, auditivas etc. Dessa forma, as possibilidades de mediatização dos conteúdos trazidas pelos recursos audiovisuais enriquecem a apresentação deles, tendo significante contribuição para a aprendizagem.

Já em 1971, Norbis, citado por Aretio (1994), apresentou um quadro sobre a retenção mnemônica, elaborado com base em pesquisas realizadas pela Oficina de Estudos da Sociedade Norte Americana Socondy-Vacuum Oil, ou seja, como se aprendem e se retêm as informações pelas percepções:

Quadro 3 – Retenção mnemônica

COMO SE APRENDE	COMO SE RETÉM
1% mediante paladar 1,5% mediante o tato 3,5% mediante o olfato 11% mediante a audição 83% mediante a visão	10% do que se lê 20% do que se escuta 30% do que se vê 50% do que se vê e se escuta 70% do que se diz e se discute 90% do que se diz e logo se pratica

Fonte: ARETIO, 1994.

Aretio apresenta uma tabela formulada por Norbis concluindo como seria a retenção dos conhecimentos, nos diferentes métodos de apresentar os conteúdos:

Tabela 1 – Retenção mnemônica em diferentes métodos

Método de ensino	Dados retidos depois de três horas	Dados retidos depois de três dias
Somente oral	70%	10%
Somente visual	72%	20%
Oral e visual conjuntamente	85%	65%

Fonte: ARETIO, 1994.

As porcentagens apresentadas pelo autor poderiam ser contestadas, quando à sua determinação quantitativa. No entanto, a importância da utilização dos recursos audiovisuais na educação a distância ou em qualquer outra modalidade de ensino, já é aprovada por diversos outros autores.

Babin e Kouloumdjian (1989, p. 11) reforçam que, principalmente para a geração nascida nesse ambiente tecnológico, fica difícil entender outra linguagem senão a do ritmo, das imagens, dos sons e das vibrações: "O meio tecnológico moderno, em particular a invasão das mídias e o emprego de aparelhos eletrônicos na vida quotidiana, modela progressivamente um outro comportamento intelectual e afetivo."

Ferrés (1996) também afirma que, com base em pesquisas realizadas nas últimas décadas, sobre a dinâmica cerebral, comprovou-se o papel que desempenham os dois hemisférios cerebrais na elaboração do pensamento e na configuração do comportamento. O "hemisfério esquerdo" comanda as funções relacionadas à linguagem e à abstração. "É o hemisfério com maior sensibilidade ao visual", enquanto o "hemisfério direito" do cérebro comanda as funções espaciais não verbais. "É o hemisfério com maior sensibilidade para o acústico".

Veja uma comparação das características de cada hemisfério, apresentado por Betty Edwards em seu livro *Desenhando com o lado direito do cérebro*:

Quadro 4 – Comparação entre cada hemisfério do cérebro humano

Hemisfério esquerdo	Hemisfério direito
Verbal: usa palavras para nomear, descrever e definir.	**Não-verbal**: percepção das coisas com uma relação mínima com palavras.
Analítico: decifra as coisas de maneira sequencial e por partes.	**Sintético**: une coisas para formar totalidades.
Abstrato: extrai uma porção pequena de informação e a utiliza para representar a totalidade do assunto.	**Analógico**: encontra um símil entre diferentes ordens; compreensão das relações metefóficas.
Temporal: se mantém uma noção de tempo, uma seqüência dos fatos. Fazer uma coisa e logo outra etc.	**Atemporal**: sem sentido de tempo.
Racional: extrai conclusões baseadas na razão e nos dados.	**Não-racional**: não requer uma base de informações e fatos reais; aceita a suspensão do juízo.
Digital: utiliza números.	**Espacial**: ver as coisas relacionadas a outras e como as partes se unem para formar um todo.
Lógico: extrai conclusões baseadas na ordem lógica. Por exemplo: um teorema matemático ou uma argumentação.	**Intuitivo**: realiza saltos de reconhecimento, em geral, sob padrões incompletos, intuições, sentimentos e imagens visuais.
Linear: pensar em termos vinculados a idéias, um pensamento que segue o outro e que, em geral, convergem em uma conclusão.	**Holístico**: perceber ao mesmo tempo, concebendo padrões gerais e as estruturas que muitas vezes levam a conclusões divergentes.

Fonte: EDWARDS, 2001.

Sperry, citado por Ferrés (1996), diz que os dois hemisférios "não somente trabalham a informação de forma diferente, mas este aspecto subentende processos mentais qualitativamente distintos", ou seja, no hemisfério direito prevalece o global, o concreto, o emocional, enquanto no esquerdo predomina o pensamento analítico e lógico. Dessa forma, pode-se perceber a importância de explorar todos os tipos de linguagem no processo de ensino-aprendizagem, sendo que o que se vê nas práticas educacionais é predominantemente a linguagem escrita.

Ferrés destaca que, na cultura ocidental, durante muito tempo valorizou-se somente o hemisfério esquerdo do cérebro humano. Assim, entende-se porque a linguagem escrita era e ainda é predominante. Todavia, com os meios de comunicação de massa da era eletrônica, o lado direito passa a ser valorizado, tendo o homem possibilidade de utilizar todas as suas percepções para aprender.

O autor ainda salienta que as imagens e os sons estão dando lugar ao surgimento de um novo tipo de inteligência, pois os meios audiovisuais não são simplesmente meios, mas linguagem, e isso está transformando a educação. O enfoque da educação passa a ser a aprendizagem, na qual se leva o aluno à compreensão do conhecimento, não pela transmissão de informações, mas por diferentes experiências que integram todas as faculdades físicas e psíquicas: sensações, emoções, atitudes, intuições.

Os estudos realizados pelo psicólogo e professor da Harvard Graduate School of Education, Howard Gardner (1994), reforça o pensamento dos autores anteriormente citados, quanto à importância do uso da multimídia no desenvolvimento intelectual do indivíduo.

O autor que desenvolveu a teoria das inteligências múltiplas, afirma que as pessoas aprendem de formas diferentes, pois têm forças cognitivas diferentes.

Assim, em seu ponto de vista, esse autor considera que a cognição humana, para ser estudada em sua totalidade, precisa abarcar competências que normalmente são desconsideradas. Além disso, os instrumentos para medição dessas competências não podem ser reduzidos a métodos verbais que se baseiam fortemente em habilidades linguísticas e lógico-matemáticas. Contrapondo a visão clássica da inteligência racional e a lógica, o autor apresenta outras inteligências, como a espacial, a corporal-cinestésica, a musical, a interpessoal e a intrapessoal e a naturalista, que também denomina de competências.

Para Gardner, atender à exigência do equilíbrio entre razão e emoção é a abertura do caminho para que possamos, como educadores, pais, pesquisadores e cidadãos, caminhar na busca de uma sociedade mais feliz, justa e que use seu conhecimento, sua tecnologia e seu progresso em benefício da convivência pacífica com as diferenças.

Não resta dúvida de que os meios audiovisuais são grandes aliados no processo de ensino-aprendizagem e que sua importância se potencializa como meios mediatizadores na construção do conhecimento nos modelos de EaD e bimodal.

Mas ainda não terminamos! Você vai conhecer a seguir um meio que mudou significativamente a EaD pelo poder que tem de agregar todos os demais meios. Estamos falando da internet. Vamos lá...

5.1.3 A internet

A partir dos anos 1990, caracterizada como "terceira geração" da EAD, é consenso de muitos autores da área, que objetivos e estratégias se redefiniram, orientados por paradigmas chamados de pós-modernos. A integração de redes de conferência por computador e estações multimídia com os demais meios utilizados pela EAD, abriu mais possibilidades de uma comunicação de mão dupla e ambientes de interação.

A cada dia mais pessoas em todo mundo estão conectadas à rede mundial de computadores, denominada *internet*. No que se refere especificamente à educação, pode-se observar que as possibilidades desse meio superam os demais. Talvez por ser a mais rica contribuição da tecnologia à educação, pois facilita a comunicação e o acesso às informações de forma muito mais rápida e a um custo bem menor.

A internet facilita a comunicação enquanto disponibiliza meios como *chats*, correio eletrônico, fóruns, entre outras ferramentas hoje desenvolvidas em *sites* de cursos que promovem a interação, criando, dessa forma, espaços nos quais os alunos podem interagir, estabelecer trocas, produzir conhecimentos.

Para Harasim (1989), a aprendizagem ativa tem sido uma das principais contribuições do ambiente *on-line*, pois os alunos têm a possibilidade de estarem conectados regularmente se comunicando de diversas formas tanto com professores, quanto com outros aprendizes.

A autora destaca alguns tipos de comunicação possíveis de serem realizadas por meio da internet:

» comunicação do professor com o aluno (um para um);
» comunicação do professor para vários alunos (um para muitos);
» comunicação do aluno para aluno (dupla de co-aprendizado);
» comunicação de alunos para alunos (aprendizado em grupo);
» comunicação entre professor e alunos (de muitos para muitos).

Dessa forma, a interação pela internet supera outras formas de comunicação, pois, além da facilidade de contato com pessoas de diversos lugares, a custos bem menores, ainda possibilita a construção de espaços em que as pessoas possam interagir e estabelecer trocas que atendam a seus interesses e que produzam conhecimento de forma colaborativa.

A internet consegue agregar todas as mídias ao mesmo tempo, e isso a faz um meio especial. Por meio da rede pode-se ter ao mesmo tempo imagem, som e movimento agregados ao texto, mas podemos dizer que o vídeo também nos proporciona esses recursos. Porém, a vantagem da internet é oferecer, além de tudo isso, a comunicação tanto síncrona quanto assíncrona, possibilitando a interação de muitas pessoas ao mesmo tempo muito mais que qualquer outra mídia.

Pode-se, dessa forma, criar ambientes ricos em aprendizagem, integrando tudo neste ambiente. Moran e Behrens (2000) dizem que é possível criar múltiplos e diferenciados usos para essa tecnologia: as pessoas podem se comunicar virtualmente, realmente se conectar efetivamente com milhares de pessoas ao mesmo tempo estando em suas casas, seu trabalho ou em outro local. Sem necessidade de deslocamento, levam-se, trocam-se e passam-se informações.

Seria possível dizer que a internet possibilita cada vez mais que as pessoas aprendam de forma independente e, ao mesmo tempo, nunca tão coletivamente quanto antes, pela facilidade de interatividade que esta mídia proporciona, e aí está o que Moran e Behrens (2000) denominam de *encantamento*, o poder de sedução dessa hipermídia.

No entanto, segundo Moore e Kearsley (1996), há de se refletir que os meios, por si só, não dão conta de propiciar um novo fazer pedagógico para que o aprendiz tenha suficiente interação, que permita um grau de troca de ideias e informações apropriadas.

Pode-se criar para a EaD um ambiente *on-line* de aprendizagem tão ou mais pobre que ambientes tradicionais, nos quais o que se oferece é somente a transmissão de conteúdos e pacotes fechados, em que a concepção racionaliza e reducionista tradicional é a condicionante da suposta aprendizagem.

A autonomia está nas mãos do indivíduo e é este quem define as transformações, porque ele tem o poder da ação. Portanto, dentro do espaço da EaD, da educação bimodal ou da educação presencial será esse mesmo indivíduo que determinará a utilização das tecnologias.

Segundo Lévy (1993), a sociedade, a economia, a filosofia, a religião, a técnica e mesmo a ciência não são forças reais. Elas são dimensões de análise, isto é, abstrações. Nenhuma delas pode determinar o que quer que seja por serem desprovidas de ação.

Diante dessa certeza, pode-se afirmar que será a concepção de educação que determinará a utilização da internet ou de qualquer outra mídia.

Nesse novo e possível ambiente de aprendizagem, é possível entender que utilizá-lo simplesmente com o intuito de "ensinar" é subutilizar o potencial dessa tecnologia. Acredita-se que investir na liberdade para inventar, criar, produzir, levando o aluno aprender a construir seus conhecimentos de forma cooperativa, aprender a ser, a fazer, a conhecer, aprender a buscar soluções para resolver problemas, aprender enfim, a ser sujeito, autônomo de seu processo educacional, talvez seja o melhor caminho para o futuro da EaD, da educação bimodal e da própria educação presencial.

Para fechar este capítulo queremos reforçar com você que, na EaD, o material didático constitui-se o meio pelo qual se mediatizam os conhecimentos, o desenvolvimento de hábitos e atitudes de estudo, sem a presença física do professor. Dessa forma, merece cuidado especial na sua elaboração, seja para o meio impresso, audiovisual ou para ser mediatizado pela internet.

Capítulo 6

* *Trechos do capítulo 6 pertencem à dissertação de mestrado da autora Rita de Cássia Menegaz Guarezi.*

Processos para implantação de EaD*

Neste capítulo, desejamos que você conheça os principais processos a serem realizados na implantação da EaD. Certamente, você observará que eles são essenciais para os que desejam realizar EaD com seriedade e compromisso com a melhor educação.

6.1 A elaboração da proposta pedagógica

Acredita-se que qualquer ação educacional, não importando a modalidade de ensino, deva partir inicialmente de uma proposta pedagógica clara que direcione qualquer decisão a ser tomada dentro de um curso. Na elaboração dessa proposta, vários aspectos devem ser observados para que todos os envolvidos possam trabalhar de forma coletiva, dentro de um "norte" comum.

Práticas individualizadas têm demonstrado resultados de fracasso. Assim, qualquer organização precisa ter clareza de aonde quer chegar e como chegar, para que os esforços sejam conjuntos.

Se não se tem na EaD uma concepção de educação específica, é necessário investigar o que mais se adequaria em termos de orientação de aprendizagem para alunos adultos, que é a maior demanda da EaD, e a formação do indivíduo como um todo, para os dias atuais.

Como você sabe, o perfil exigido hoje para os profissionais e que estará sendo cada vez mais premente no futuro diferencia-se muito dos antigos moldes tradicionais. Dessa forma, vê-se que uma proposta baseada em uma concepção behaviorista não estaria mais adequada a tal contexto, sendo que ela propaga um indivíduo passivo no meio. Por outro lado, uma concepção apriorista também parece duvidosa, quando defende que tudo vem do próprio homem e que o meio é só um estímulo. Ao mesmo tempo, entretanto, parece trazer ricas contribuições quando destaca a importância das percepções do indivíduo na aprendizagem. Isso não pode ser de forma alguma descartado, pois os estudos cognitivos realmente têm mostrado que o homem utiliza diferentes formas para aprender e, principalmente, que as pessoas não sentem, vêem e aprendem da mesma forma, ou seja, utilizando as mesmas percepções com a mesma intensidade.

Pode-se dizer que uma teoria única não apresenta respostas a todos os desafios postos nessa nova atitude pedagógica, mas diretrizes claras, embasadas na pluralidade das teorias que buscam construir um homem sujeito do processo educacional, podem ser o caminho para aqueles que querem pensar, inovar e desenvolver EaD.

Entende-se que os princípios da andragogia e as diretrizes das teorias que embasam a concepção construtivista trazem uma maior contribuição e estão mais adequadas ao tipo de indivíduo e à sociedade atual, pois elas sugerem um indivíduo ativo e autônomo.

Nesse entendimento de mudar, Knowles (1980, p. 21) diz que "a teoria da aprendizagem de adultos apresenta um desafio para os conceitos estáticos da inteligência, para as limitações padronizadas da educação convencional", assim como as diretrizes construtivistas defendem o indivíduo agente, aquele que, em conjunto com outros indivíduos, muda e se modifica permanentemente.

O grande educador brasileiro Paulo Freire, que dedicou a maior parte de seus escritos à educação de adultos, compactua dessas diretrizes, pois ele se posiciona contrário às concepções tradicionais imobilistas.

Certamente, o trabalho será mais árduo. Essa concepção requer que o educador modifique seu papel de mero transmissor e privilegie o diálogo como método. O aluno tem de assumir uma postura autônoma no seu processo de aprendizagem.

Nas seções a seguir, vamos tratar de temas trabalhados na dissertação de mestrado da autora dessa obra, prof[a] Dra. Rita de Cássia: *Educação a distância: uma alternativa para a formação de professores e demais profissionais na sociedade do conhecimento*, sob a orientação do prof. Ricardo Barcia e a coorientação da prof[a] Silvana Pezzi.

6.2 O processo de comunicação e a interação

Apostamos em uma proposta pedagógica na qual todos são agentes no processo educacional. Então outro aspecto fundamental a se cuidar no planejamento de um curso a distância é a garantia de que a comunicação não seja unidirecional, pois a interação só ocorrerá se efetivarmos a comunicação de "ida e vinda". (Holmberg, 1985)

Conforme Holmberg (1985), a comunicação de "ida e volta" tem propósitos muito importantes para o sucesso de um curso a distância:

» apoiar a motivação e o interesse do estudante;
» apoiar e facilitar a aprendizagem do aluno, trocando com ele comentários, explicações e orientações;
» proporcionar ao aluno a visualização de sua situação e suas necessidades educacionais;
» descobrir deficiências do curso que podem ser modificadas.

Na EaD, não se tem a relação permanente face a face entre professores e alunos, que supostamente indicaria maior facilidade de comunicação bidirecional ou multidirecional. Porém, a educação presencial não garante esse tipo de comunicação. Observa-se, por exemplo, que, na educação tradicional, a comunicação segue um modelo unidirecional e autoritário. Somente uma educação baseada no diálogo garantiria a troca entre professor/alunos e alunos/alunos.

Assim, pode-se dizer que o processo de comunicação é definido muito mais pela proposta pedagógica que pelos supostos limites originados pela distância. Como trabalhamos com mídias integradas na EaD, existem várias possibilidades de proporcionar o encontro entre emissor e o receptor.

Segundo Moore e Kearsley (1996), por intermédio das mídias utilizadas, sejam elas material impresso, rádio, televisão, internet, entre outras, é possível conduzir uma comunicação dinâmica entre professores e aprendizes.

Tudo dependerá, portanto, da clareza pedagógica e consequentemente do cuidado no planejamento e na elaboração de estratégias que garantam essa comunicação.

Laaser (1997, p. 76), por exemplo, ao discutir a aprendizagem ativa, enfatiza a importância do planejamento em seus mínimos detalhes na elaboração de todo material didático para garantir o diálogo.

os elaboradores devem escrever de modo a estarem, continuamente, conversando com o aluno, em um diálogo amigável e encorajador. Esse diálogo deve incluir aconselhamento a respeito do que fazer e de como fazer, ou seja, deve servir de encorajamento para os alunos, reforço e incentivo.

Os modelos desenvolvidos com a utilização de mídias integradas são, portanto, um avanço, pois soma múltiplas possibilidades de representações, incorporando o conteúdo com a promoção efetiva do diálogo entre todos os participantes. Essa integração rompe com a unidirecionalidade da comunicação tradicional, pois, além da comunicação bidirecional, promove um canal multidirecional, possibilitando a troca de muitos para muitos.

Dessa forma, a utilização da internet, consorciada a outras formas de comunicação, além da facilidade de contato com pessoas de diversos lugares, ainda possibilita a construção de espaços nos quais as pessoas podem interagir e estabelecer trocas que atendam aos seus interesses e que produzam conhecimento de forma colaborativa.

Possibilitar, pois, um ambiente de interação e colaboração, no qual o respeito por cada um seja a abertura para o diálogo permanente no processo de construção do conhecimento é, certamente, um desafio a ser enfrentado na tentativa de fazer da EaD um canal aberto que leve o aprendiz a interagir, definindo e redefinindo com o professor e os demais aprendizes o processo educacional.

Pode-se entender que a instituição deve primar por uma aprendizagem, na qual o aluno possa participar ativamente do processo e não haja privilégio nem para o locutor, nem para o ouvinte. Assim a instância de interlocução e a interação devem se constituir diretrizes para aqueles que desejam promover EaD.

Enfim, o entendimento de que sem diálogo não podemos falar de interação, de colaboração e de relações cooperativas deve estar claro e internalizado por todos os envolvidos em práticas educacionais: coordenadores, planejadores, executores, tutores, monitores, professores, alunos; tanto na modalidade a distância quanto na presencial. Caso contrário, não vai haver uma saída do discurso e vai se continuar reproduzindo o modelo tradicional.

6.3 Sistema de preparação e acompanhamento

Na implantação da EaD, a instituição deve planejar a preparação tanto de alunos como de professores para aprender e ensinar a distância.

Segundo Aretio (1994), são evidentes as diferenças entre o ensino presencial e o a distância, exigindo, tanto do professor quanto do aluno, novas posturas e conhecimentos.

Portanto, defende-se que para implantar a EaD é fundamental organizar a preparação e o acompanhamento permanentes dos professores e dos alunos, assim como de toda a equipe envolvida (coordenadores, monitores, editores, entre outros). Todos devem ter clareza das características da EaD e da proposta pedagógica do curso, para que as práticas não se tornem individualizadas e, sim, que todos se sintam como peças de uma engrenagem, garantindo, assim, a ação conjunta em prol da qualidade do curso em todos seus segmentos.

É necessário que se tenha uma equipe capacitada que seja responsável por essa preparação dos professores, dos alunos e dos demais envolvidos.

Entende-se que esse trabalho se adapta a uma equipe que tenha em sua formação o entendimento da pedagogia, ou seja, de como o aluno aprende e de EaD. Como predominam alunos adultos, além da Pedagogia, é fundamental que os responsáveis por esse trabalho dominem os princípios e as diretrizes da andragogia.

A seguir levantam-se alguns aspectos que apontam alguns caminhos para a realização dessa tarefa:

a) Preparação dos professores

A maioria são professores tem vasta experiência, mas pouco conhecimento sobre EaD e sobre estratégias de uso das novas tecnologias.

O professor, então, deve receber uma orientação inicial e ser acompanhado, durante todo o processo do curso, pela equipe pedagógica, que o auxilia na elaboração do material e na execução de sua disciplina/curso a distância tanto nos aspectos técnicos quanto **nos pedagógicos**.

b) Preparação do aluno

O aluno adulto tem uma série de dificuldades que precisam ser cuidadosamente trabalhadas, principalmente porque a maioria só teve experiência de estudo presencial.

Dessa forma, por mais bem planejado que seja um curso a distância, os resultados podem ser desastrosos quando os alunos não são preparados para estudar nessa modalidade.

Segundo Aretio (1994), o aluno adulto apresenta dificuldades de se adaptar a novas situações de aprendizagem e são sempre muito ocupados, com pouco tempo para dedicar-se a atividades de aprendizagem organizadas. O autor destaca ainda que o trabalho, a dedicação aos problemas familiares, a falta de técnicas e de hábitos de estudo e as dificuldades em entender o material didático e o próprio modelo do curso levam os alunos a abandonarem seus estudos a distância.

Assim, fica evidente que, antes de iniciar o curso, o aluno precisa ser preparado para aprender a distância. Para isso, entende-se que essa preparação deve dar ao aluno:

» o entendimento do que é EaD;
» as suas vantagens e os seus limites;
» os papéis de cada agente envolvido no curso;
» a importância do cumprimento dos papéis para o sucesso do curso;
» as características e os hábitos necessários ao aluno para estudar a distância;
» o entendimento do modelo do curso: proposta pedagógica, objetivos, conteúdos, atividades, avaliação;
» o conhecimento das ferramentas que utilizará para seu estudo a distância.

Entende-se que é um trabalho inicial, mas que certamente vem contribuindo para o processo educacional a distância e dará suporte para o desenvolvimento de novos sistemas de preparação e acompanhamento dos alunos para o estudo a distância.

c) Preparação e acompanhamento dos demais envolvidos

Como é importante a preparação dos professores e dos alunos para o ensino e para a aprendizagem a distância, também considera-se esta preparação para todos os demais envolvidos em um curso a distância.

Todos precisam ter clareza de seus papéis dentro da proposta pedagógica planejada, para que haja comprometimento com a qualidade, seja na revisão, na edição e na diagramação de um material, no atendimento direto ao aluno ou em qualquer outra atividade desenvolvida em um curso.

6.4 Processos de desenvolvimento e operação

Numa proposta pedagógica, também é importante definir a logística para se desenvolver um curso a distância, pois a falta de clareza dos procedimentos pode se tornar um entrave no processo de execução de um curso. Sempre que um material não chega a tempo e de forma adequada, isso acaba prejudicando o andamento do curso.

No caso do desenvolvimento e da operação de cursos EaD pela internet, é preciso compreender que o ambiente, mesmo numa mídia inovadora como esta, pode continuar reproduzindo as aulas convencionais, não possuindo um sistema de acompanhamento do aluno *on-line* que o oriente a um estudo mais independente. Dessa forma, é importante investir em estratégias pedagógicas que promovam a interatividade.

No desenvolvimento, é fundamental lembrar-se do material didático, reforçando que a EaD é conduzida por alguém que está afastado do aluno no espaço e, na maioria das vezes, no tempo. Como já discutimos, o material didático constitui-se num meio pelo qual se mediatizam os conhecimentos, o desenvolvimento de hábitos e atitudes de estudo, sem a presença física do professor. Por esse motivo, esse material deve oferecer aos alunos condições para a autoaprendizagem.

Todo tempo e cuidado especiais dedicados na elaboração do material são ganhos no momento de execução do curso. A apresentação dos conteúdos, das atividades e das avaliações, de forma que o aluno possa acessar e compreender, leva-o a sentir-se satisfeito e seguro em seus estudos, necessitando de menos interferência do professor ou da monitoria para sua aprendizagem.

Portanto, é fundamental que o professor receba orientações de como apresentar o conteúdo, as atividades e a **avaliação** e esse material, após a entrega, passe por uma revisão de conteúdo, de texto e de linguagem, adequando-o às características do material didático para o estudo a distância já discutidos.

6.5 A mediação pedagógica

Segundo Peters (2001), "não copiamos o mundo real em nossas mentes, mas, pelo contrário, construímos nossa própria realidade". Construir conhecimentos requer esforço, persistência, paciência. Usufruir é liberdade.

Na EaD, a construção do conhecimento deve ser apoiada por um processo de interatividade, com qualidade suficiente para provocar e dar sustentação ao conjunto de aprendizagens pretendidas pelos participantes. Esse processo, na melhor das hipóteses, deveria envolver todos os atores e o ambiente, proporcionando a interação entre professores, alunos, direção, suporte tecnológico, entre outros, de forma organizada, colaborativa e multidirecional. "Os cursos à distância mediados pelo computador, por exemplo, quando são bem planejados permitem que alunos e professores trabalhem colaborativamente e estabeleçam uma rede interativa para a transmissão de informação, desenvolvimento e recuperação do conhecimento". (Souza, 2003)

Nos cursos a distância, cabe ao tutor promover o exercício da interatividade e da colaboração, incentivando o intercâmbio de experiências entre os alunos, privilegiando e reforçando a comunicação em grupos, em respeito às diferenças individuais. A construção do conhecimento deverá ocorrer pela integração dos conteúdos à prática, com apoio motivacional dos tutores, por meio do estímulo para o estudo, da autoavaliação e da valorização dos resultados obtidos. A valorização do trabalho, a obtenção de resultados positivos como forma de desenvolvimento pessoal e o compartilhamento de informações são valores que devem ser focalizados no decorrer do curso.

O tutor é, acima de tudo, um facilitador e deve ser percebido como "presença a distância", fortalecendo relacionamentos a favor do ensino-aprendizagem. Dito de outra forma, cabe ao tutor levar o aluno a compreender que o curso deve ser respeitado como uma atividade educativa que o beneficiará em termos de crescimento pessoal e profissional. Ao mesmo tempo, a conciliação dos objetivos do curso com as necessidades dos alunos deve ser objeto central da atenção da equipe de tutores.

Os tutores devem orientar e criar condições para a aprendizagem, incentivar o estudo e a pesquisa, a colaboração e o compartilhamento de informações, provocar reflexões, focalizar e/ou ampliar discussões, comentar e esclarecer dúvidas, conduzir a linha do raciocínio dos alunos direcionando-os para os objetivos do curso, bem como avaliá-los.

O tutor é um companheiro mais experiente, participante de um processo de aprendizagem, fazendo o aluno sentir-se acompanhado e valorizado. Ao mesmo tempo, deve manter-se atento à efetividade do curso.

Os tutores deverão ter sua competência avaliada em três aspectos:
1. conhecimentos pertinentes ao conteúdo do curso;
2. habilidades: no uso de tecnologias de informática; comunicação oral e escrita;
3. atitudes: flexibilidade; facilidade no relacionamento interpessoal; postura ética.

Devem, ainda, conhecer o conteúdo do curso, idealmente de forma prática, fazendo o curso antes de assumirem a tutoria e ter informações gerais sobre a instituição que estão representando. É importante que conheçam o perfil dos participantes no conjunto e tenham acesso a informações específicas sobre eles, caso seja necessário durante o exercício da tutoria.

6.6 Definição do processo de avaliação

A avaliação está intrinsecamente ligada às diretrizes educacionais da EaD, sendo que, ao se definirem as diretrizes, automaticamente, estaria indicando-se o tipo de avaliação a ser adotado.

Numa prática positivista e tecnicista, há uma ênfase na atribuição de notas e na classificação de desempenho, em testes e provas com resultados quantitativos e numéricos. Nela, o mais importante é o produto, e não o processo.

Numa concepção cognitivista, a avaliação é qualitativa, pois se baseia num paradigma crítico e visa à melhoria da qualidade da educação. Sua ênfase é no processo. Ela reflete um ensino que busca a construção do conhecimento.

Assim, podemos entender que a maneira como avaliamos é o reflexo da educação em que acreditamos. Quando o professor se pergunta como quer avaliar, desvela sua concepção de escola, de homem, de mundo e de sociedade.

Na EaD, uma vez que temos toda uma preocupação com a construção de um ambiente de aprendizagem mais adequado ao perfil do aluno adulto, as diretrizes educacionais inovadoras se, ao final, por exemplo, os alunos fossem avaliados tradicionalmente, ou seja, sem possibilidades de reflexão sobre seu aprendizado, sem autonomia para avaliar o processo e, principalmente, sem um *feedback* dos resultados, não estaria alinhada a essa visão educacional.

Assim, defendemos que a avaliação não pode ter um fim nela mesma. Deve fazer parte de todo o processo de aprendizagem do aluno de forma a contribuir com sua formação, e não simplesmente que lhe dê resultados quantitativos ao final do processo. Ela deve agir como estimuladora do crescimento do aprendiz e de todos os envolvidos em seu processo educacional. Assim, deve-se entender que tudo e todos devem ser avaliados.

Outro ponto importante ao se falar em avaliação é diferenciar avaliação de verificação.

» **Verificação** – Ação pontual para examinar, constatar e quantificar o desempenho do aluno.

» **Avaliação** – Tomada de decisão diante da investigação do desempenho do alunos por meios quantitativos e qualitativos.

Muitas vezes o que acontece na EaD são processos de verificação, e não de avaliação. Podemos dizer que a verificação seria uma ferramenta da avaliação. Ela não é quantificação, pois vai além dos dados obtidos.

Mas quais são as funções da avaliação? Vejamos:

» **Diagnóstica** – A função da avaliação diagnóstica é averiguar onde se encontra o aluno diante das aprendizagens que lhe serão propostas e as que ele já possui. Como vimos na teoria de Vigotski, seria identificar as zonas de aprendizagem proximal e real. Esse diagnóstico é um importante aliado na definição das estratégias educacionais, diminuindo as dificuldades na construção e na reelaboração dos conhecimentos.

» **Formativa** – A função da avaliação formativa é identificar o desenvolvimento do aluno ao longo do processo e não somente em momentos específicos. Conforme Haydt (1995), a avaliação formativa possibilita identificar se os alunos estão alcançando os objetivos propostos, além de verificar o alinhamento entre tais objetivos e os resultados alcançados durante a realização das atividades de aprendizagem.

» **Somativa** – A função da avaliação somativa é identificar o progresso do aluno ao final de uma etapa de aprendizagem. De acordo com Kraemer (2005), a avaliação somativa tem a função de "aferir resultados já colhidos por avaliações do tipo formativa e obter indicadores que permitem aperfeiçoar o processo de ensino."

É interessante ressaltar que, na definição das estratégias pedagógicas, utilizar as funções da avaliação descritas potencializa o sucesso de uma ação de EaD, uma vez que auxilia na melhor escolha dos conteúdos e das atividades e nas interações a serem realizadas.

Na EaD, são muitas as possibilidades de aplicação das funções da avaliação, principalmente na EaD pela internet. Os ambientes virtuais de aprendizagem possuem diferentes ferramentas que permitem diagnosticar, acompanhar o desenvolvimento do aluno e realizar os cruzamentos dos resultados, gerando uma avaliação final do desempenho do aluno no curso.

O mais importante de tudo que falamos é ter claro que não é somente o aluno a ser avaliado. Na análise do resultado do desempenho do aluno, devem ser considerados todos os fatores envolvidos no processo ensino e aprendizagem, ou seja, o conteúdo proposto, as atividades e as estratégias de aprendizagem, a mediação do professor, e os meios de mediação. Esse conjunto de fatores precisa ser avaliado para que os processos de EaD possam ser melhorados permanentemente, sem deixar recair no aluno toda a responsabilidade pelo sucesso ou fracasso de um curso.

Compreende-se, enfim, que a avaliação deva ser facilitadora da construção dos conhecimentos e propulsora de melhorias não somente no aluno, mas no professor e na estrutura do modelo de um curso como um todo.

Não desejamos esgotar nesta unidade todos os passos para implantar EaD, mas indicar a você alguns processos que são de extrema relevância no momento do planejamento dessa modalidade de ensino. Cabe a você a partir desta unidade e de todo estudo aqui realizado alçar outros voos, buscando as melhores soluções e os encaminhamentos para a realidade da sua instituição e de seu público-alvo.

Considerações finais

Conceituar EaD, como observamos no capítulo 1, é um processo evolutivo, que se iniciou com a abordagem na separação física das pessoas e chega ao processo de comunicação, incluindo, no final do século XX, as tecnologias de informação. É provável que, dentro de mais algum tempo, um novo aspecto seja acrescentado ao conceito, por exemplo, as características de realidade virtual.

Isso significa que, ao longo do tempo, a preocupação com a educação tem sido uma constante e que a necessidade de ampliar o acesso a ela é responsável pela incorporação de novas alternativas que o viabilizem. Desde o material impresso – possibilidade alargada coma construção das estradas de ferro – passando pelo rádio, pelas mídias digitais e chegando aos dias de hoje com a explosão de uso da internet, podem ter mudado as tecnologias e a forma de abordagem, mas o objetivo último, que é o aprimoramento das competências cognitivas, operacionais e atitudinais, mantém-se o mesmo.

Nesse percurso, também foram aprimorados os fundamentos pedagógicos, com as teorias sobre educação que passam pelo comportamentalismo, pelo cognitivismo, pela abordagem da psicologia humanística, pela abordagem construtivista e, ainda, pela percepção dos aspectos relevantes à educação do adulto.

Independente da época e do sucesso de cada teoria, o fato é que elas nortearam e continuam norteando o processo de ensino-aprendizagem. Seja na modalidade presencial, na modalidade a distância ou na mista, o projeto pedagógico de um curso, de uma matéria ou, de uma aula estará sempre embasado nas teorias educacionais.

Defendemos, principalmente na modalidade a distância, que se a importância da teoria cognitivista, particularmente na abordagem construtivista de Piaget e na mediadora de Vigotski, como também as abordagem da psicologia humanística. Ressaltamos ainda, que para o aluno adulto, será muito bom adequar o processo, atendendo às características típicas desse público, que é mais ativo e autônomo, conforme salientado no capítulo 3.

Além de observar os fatores que influenciarão a compreensão e a retenção de informação e a motivação para aprofundar os conhecimentos – aspectos da teoria cognitivista –, estabelecer um bom processo de relacionamento entre os atores no ambiente de EaD faz diferença nos resultados, tanto nos de aprendizagem como nos institucionais. A distância pode ser diminuída com base em um sentimento de colaboração e de afetividade criado por uma comunicação bem construída e pelo entendimento de que o aluno é a parte central do processo ensino e aprendizagem.

Os modelos de ensino podem variar desde um modelo de estudo autônomo, em que o aluno recebe o material didático e estuda sozinho, passando por um modelo a distância, com apoio e orientação de um tutor, até o modelo em que parte do processo de ensino-aprendizagem ocorre a distância e parte de forma presencial. Todas as modalidades são válidas e estão sendo utilizadas, mas no Brasil, para os cursos regulares, o MEC exige que pelo menos se faça o processo de avaliação presencialmente. No entanto, instituições e organizações sociais vêm oferecendo cursos totalmente a distância com variados níveis de apoio tutorial.

O fato é que, desde que as soluções de EaD começaram a ser ofertadas pela internet, o número de pessoas fazendo cursos cresceu, comprovando que muitas pessoas precisavam, e ainda precisam, apenas de oportunidade de acesso para estudar.

Uma vez que as pessoas passam a acessar cada vez mais soluções de EaD, o cuidado com os meios utilizados precisa ser redobrado. Sabemos que os meios, sejam impressos, audiovisuais ou internet, requerem um tratamento adequado ao próprio meio e ao perfil do aluno, sem esquecer de que eles podem ser associados, ou seja, podemos ter material audiovisual acompanhado de material impresso ou audiovisual pela internet. Por exemplo, hoje estão disponíveis no mercado *kits* educacionais contendo material audiovisual em DVD e material impresso com conteúdos complementares e exercícios. Há também conteúdos na internet associados à materiais impressos e materiais audiovisuais – filmes, palestras – associados à conteúdos na *web*. Cada vez mais sons e imagens são elementos que facilitam a mediatização de conteúdos e que os recursos tecnológicos tornam muito mais fácil sua utilização, mas é fundamental que a criação desses materiais seja totalmente ajustada ao projeto pedagógico do curso, disciplina ou aula, de forma a contribuir para a construção dos conhecimentos, o desenvolvimento de hábitos ou as atitudes esperados.

Vale a pena ressaltar que, na internet, pelas possibilidades de comunicação entre todos os atores envolvidos, o processo de ensino-aprendizagem torna-se muito mais rico. Considerando que, segundo o Instituto de Opinião Pública e Estatística (Ibope) (2008), no primeiro trimestre de 2008, mais de 40 milhões de brasileiros já acessam a internet, ações educacionais nesse meio tendem a ser uma exigência da sociedade atual.

No entanto, antes de pensar nos materiais didáticos e independentemente da modalidade de ensino, é fundamental que se defina claramente a proposta pedagógica, ou seja, qual será o método de ensino, que caminhos serão escolhidos para que o aluno percorra em busca do aprendizado. Valores, princípios, embasamento teórico são pontos indispensáveis para uma ação educacional. Se a modalidade escolhida é a distância, torna-se mais importante ainda uma definição clara da proposta pedagógica. Para ações realizadas pela internet, é mais fácil pensar em interação entre os envolvidos: alunos, professores, monitores, tutores, equipe de apoio, já que as soluções de comunicação podem ser facilmente integradas ao projeto.

Na verdade, nossa opção é por uma proposta pedagógica que privilegie a comunicação multidirecional, proporcionando a todos os atores tornarem-se agentes do processo educacional. Para isso, o tutor é um elemento importante, pela capacidade de prover o incentivo ao estudo, estimular a colaboração e a autoavaliação.

Finalmente, observando as mudanças que fazem parte do cenário global na atualidade, em que aprender é uma necessidade constante, haja vista a evolução acelerada da ciência e da tecnologia, defendemos a integração dos conteúdos à prática, a forte interação entre os integrantes do processo educacional, materiais interativos, possibilidade de acesso irrestrito e ampliação das soluções a distância com uso intensivo dos recursos disponíveis na internet.

Encerramos esta obra deixando essa mensagem de Fernando Sabino (1978, p. 145):

> *De tudo, ficaram três coisas: a certeza de que ele estava sempre começando, a certeza de que era preciso continuar e a certeza de que seria interrompido antes de terminar. Fazer da interrupção um caminho novo. Fazer da queda, um passo de dança, do medo uma escada, do sono uma ponte, da procura um encontro.*

Glossário*

AMBIENTE VIRTUAL DE APRENDIZAGEM – *Software* desenvolvido para proporcionar a possibilidade de aprendizado com a utilização da internet e das tecnologias de informação.

APRENDIZAGEM ABERTA – Um conceito de educação com características de abertura: a diversas clientelas sem restrições, a variações individuais em termos de critérios de aprovação, e a variações individuais em termos de métodos ou meios de ensino e aprendizagem. Para permitir tanta abertura e flexibilidade, os sistemas de aprendizagem aberta geralmente utilizam materiais autodidáticos e sistemas de EaD.

APRENDIZAGEM SIGNIFICATIVA – Quando se incorpora a informação nova, gerando novo conhecimento realizado através da relação entre conhecimentos adquiridos (novos ou anteriores), o conjunto dos conhecimentos adquire novos significados.

CIBERESPAÇO – É o ambiente virtual, criado o uso dos meios de comunicação modernos, destacando-se, entre eles, a internet. Esse fenômeno se deve ao fato de, nos meios de comunicação modernos, haver a possibilidade de pessoas e equipamentos trocarem informações, sem preocupações, das mais variadas formas.

COMUNIDADE VIRTUAL – Pessoas com acesso à rede mundial de computadores (internet) que interagem umas com as outras, compartilham informações, pesquisando e promovendo a distribuição de *softwares*, oferecendo serviços e trocando correspondências.

---

* *Esse glossário é baseado em:* UNICAMP, *2007;* ROMISZOWSKI; ROMISZOWSKI, *1997, 1998;* CAMBI, *1999.*

Design instrucional – Planejamento/projeto instrucional. É a fase de concepção do sistema de ensino-aprendizagem e de todos seus aspectos operacionais, dos sistemas de avaliação, da seleção de métodos e de meios instrucionais e de projeto de materiais instrucionais a serem adquiridos ou elaborados.

Epistemologia genética – Setor da psicologia que estuda as estruturas lógicas da mente e os processos cognitivos por meio das quais essas estruturas amadurecem, entrelaçando epistemologia e psicologia evolutiva.

Equipe multidisciplinar – No contexto de EaD, o desenvolvimento dos currículos, dos cursos e, especialmente, dos materiais didáticos costuma ser executado por uma equipe multidisciplinar, composta de especialistas em conteúdo, especialistas em elaboração de diversos meios/materiais de comunicação e especialistas em planejamento e avaliação do processo de aprendizagem. A Open University da Inglaterra era pioneira na aplicação sistemática dessa abordagem. Grande parte do sucesso desta instituição de EaD pode ser atribuída à qualidade superior dos materiais didáticos e essa qualidade, por sua vez vem do trabalho das equipes multidisciplinares dessa instituição.

Estrutura cognitiva – Conjunto de conceitos e regras que uma pessoa aplica para lidar com determinados tipos de problema ou para explicar ou entender determinados fenômenos. Na EaD moderna, com os meios eletrônicos de comunicação interpessoal, torna-se mais fácil atender ao desenvolvimento de estruturas cognitivas apropriadas.

Facilitador ou orientador de aprendizagem – Geralmente, é usado quando o processo de orientação é voltado para facilitar o processo de construção do conhecimento pelos próprios alunos. Em alguns sistemas de EaD, por exemplo, o Telecurso 2000, é o responsável pela coordenação, pela orientação, pelo acompanhamento, pelo controle e pela avaliação da prática pedagógica desenvolvida na telessala e no centro controlador.

Framework – Estrutura, arcabouço, conjunto de estratégias pedagógicas.

Interatividade – A característica resultante da interligação de dois ou mais sistemas, de forma que as ações de um resultam em reações do outro que, por sua vez, resulta em novas ações do primeiro, e assim adiante. O grau, ou profundidade desse processo de interação pode ser bastante diferente em sistemas diferentes.

MULTIMÍDIA – Significado original em inglês: meios múltiplos utilizados em combinação para apresentar uma mensagem. Recentemente, o termo ganhou novo significado: sistemas de *hardware* e de *software* capazes de armazenar e apresentar qualquer forma de mensagem por meio de informações digitalizadas.

TECNOLOGIA EDUCACIONAL – Esse termo é usado em dois sentidos diferentes e importantes: aplicação de tecnologias (quer dizer, máquinas) no processo de ensino; aplicação de ciências de ensino e aprendizagem (psicologia, teoria geral de sistemas, sociologia, entre outros) no processo de planejamento, execução e avaliação de ensino.

TUTOR – Elemento importante em sistemas de EaD, sendo o principal responsável pelo processo de acompanhamento e controle do ensino e aprendizagem. É um professor a distância e, acima de tudo, um facilitador e deve ser percebido como presença a distância, fortalecendo relacionamentos a favor do ensino e da aprendizagem.

Referências

ABRAEAD — Anuário Brasileiro Estatístico de Educação Aberta e a Distância. *AbraEAD 2008*. São Paulo: Instituto Monitor, 2008.

ALVES, J. R. M. *A educação a distância no Brasil*: síntese, histórico e perspectivas. Rio de Janeiro: Ipae, 1994.

ARENDS, R. *Aprender a ensinar*. Lisboa: McGraw-Hill, 1995.

ARETIO, L. G. *Educación a distancia hoy*. Madrid: Universidad Nacional de Educación a Distancia, 1994.

_____. *El material impresso em la enseñanza a distancia*: actas y congressos. Madrid: Universidad Nacional de Educación a Distancia, 1997.

ARMENGOL, M. C. *Universidad sin clases*: educación a distancia en América Latina. Caracas: Kapelusz, 1987.

AUSUBEL, D. *Aquisição e retenção de conhecimentos*: uma perspectiva cognitiva. São Paulo: Plátano, 2003.

_____. AUSUBEL, D. *Psicologia educacional*. Rio de Janeiro: Interamericana, 1980.

AZEVEDO, M. *Psicologia, psicologia educacional e psicologia do desenvolvimento*. Lisboa: Universidade de Lisboa, 1992.

BABIN, P.; KOULOUMDJIAN, M. F. *Os novos modos de compreender*: a geração do audiovisual e do computador. São Paulo: Paulinas, 1989.

BAQUERO, R. *Vygostsky e a aprendizagem escolar*. Porto Alegre: Artes Médicas, 1998.

BARCIA, R. M. et al. Pós-graduação a distância: a construção de um modelo brasileiro. *Estudos*, Brasília, ano 16, n. 23, p. 51-70, nov. 1998.

BARROS DE OLIVEIRA, J. et al. *Psicologia da educação escolar I*. Coimbra: Almedina, 1996.

BATES, T. *Technology, open learning and distance education*. New York: Routledge, 1997.

BECKER, F. Modelos pedagógicos e modelos epistemológicos. *Educação & Realidade*, Porto Alegre, v. 19, n. 1, p. 1-164, jan./jun. 1998.

BELLONI, M. L. *Educação a distância*. Campinas: Autores Associados, 1999.

BIELSCHOWSKY, C. E. MEC quer "limpar a pauta" das demandas para EAD. *Anuário brasileiro estatístico de educação aberta e a distância*. Entrevista concedida a Zenite Machado. Disponível em: <http://www.abraead.com.br/noticias.asp?cod=4>. Acesso em: 29 out. 2008.

BIGGE, M. L. *Teorias da aprendizagem para professores*. São Paulo: EPU, 1977.

BRASIL. Decreto n. 2.494, de 10 de fevereiro de 1998. *Diário Oficial [da] República Federativa do Brasil*, Poder Executivo, Brasília, DF, 11 fev. 1998. Disponível em: <http://www.planalto.gov.br/ccivil_03/Decreto/D2494.htm>. Acesso em: 3 nov. 2008.

_____. Decreto n. 5.622, de 19 de dezembro de 2005. *Diário Oficial [da] República Federativa do Brasil*, Poder Executivo, Brasília, DF, 20 dez. 2005. Disponível em: <https://www.planalto.gov.br/ccivil_03/_Ato2004-2006/2005/Decreto/D5622.htm#art37>.

BRASIL. Ministério da Educação. Secretaria de Educação a Distância. *Referenciais de qualidade para educação superior a distância*. 2007. Disponível em: <http://portal.mec.gov.br/seed/arquivos/pdf/legislacao/refead1.pdf>. Acesso em: 24 nov. 2008.

_____. BRASIL. Ministério da Educação. Secretaria de Educação a Distância. *Regulamentação da EAD no Brasil*. Disponível em: <http://portal.mec.gov.br/seed/index.php?option=com_content&task=view&id=61>. Acesso em: 16 nov. 2008.

BROOKFIELD, S. D. *Understanding and Facilitating adult learning*: a comprehensive analysis of principles and effective practice. Milton Keynes: Open University Press, 1986.

CAMBI, F. *História da pedagogia*. São Paulo: Ed. da Unesp, 1999.

CAPELO, F. de M. Aprendizagem centrada na pessoa: contribuição para a compreensão do modelo educativo proposto por Carl Rogers. *Revista de Estudos Rogerianos – a pessoa como centro*, Lisboa, n. 5, primavera/verão, 2000.

CASTRO, F. *Educação a distância e políticas públicas no Brasil*: uma experiência do núcleo de educação a distância da Universidade de Brasília. Disponível em: <http://www2.abed.org.br/visualizaDocumento.asp?Documento_ID=41>. Acesso em: 31 out. 2008.

CHAVES, E. *Conceitos básicos*: educação a distância. 1999. Disponível em: <http://www.edutecnet.com.br/>. Acesso em: 15 set. 2008.

CHOO, C. W. *The strategic management of intellectual capital and organizational knowledge*. New York: Oxford University, 2002.

CORTELAZZO, I. B. de C. *Fundamentos da educação a distância*. Curitiba: Ibpex, 2007.

COTRIM, G.; PARISI, M. *Fundamentos da educação*: história e filosofia da educação. 5. ed. São Paulo: Saraiva, 1982.

COURTNEY, S. et al. *Characteristics of adults as learners and implications for computer-based systems for information and instruction*. 1999. Disponível em: <http://eric.ed.gov/ERICWebPortal/contentdelivery/servlet/ERICServlet?accno=ED45134>. Acesso em: 3 nov. 2008.

D'ANNA, S. E. *A escola dos deuses*. São Paulo: ProLíbera, 2007.

DAVENPORT, J. A way out of the andragogy morass. In: CONFERENCE OF THE GEORGIA ADULT EDUCATION ASSOCIATION. Savannah: [s.n.], 1987.

DAVENPORT, T. H.; PRUSAK, L. *Conhecimento empresarial*: como as organizações gerenciam o seu capital intelectual. Rio de Janeiro: Campus, 1998.

DEMO, P. *Pobreza política*. São Paulo: Autores Associados, 1994.

DRUCKER, P. F. *A sociedade pós-capitalista*. 2. ed. São Paulo: Pioneira, 1993.

DUFFY, T.; JONASSEN, D. (Ed.). *Constructivism and the Technology of Instruction*: a conversation. Hillsdale: Lawrence Erlbaum Publisher, 1992.

EDWARDS, B. *Desenhando com o lado direito do cérebro*. São Paulo: Ediouro, 2001.

ELIAS, J. L. Critique: andragogy revisited. *Adult Education*, [S. l.], v. 29, n. 4, p. 252-256, 1979.

ENSINO SEMIPRESENCIAL. In: MENEZES, E. T. de; SANTOS, T. H. dos. *Dicionário interativo da educação brasileira*. São Paulo: Midiamix, 2002.

ESTUDO SOBRE INTELIGÊNCIA ARTIFICIAL. *Ivan Oetrovick Pavlov*. Disponível em: <http://www.citi.pt/educacao_final/trab_final_inteligencia_artificial/ivan_petrovich_pavlov.html>. Acesso em: 19 jan. 2009

FALCÃO, G. M. *Psicologia da aprendizagem*. São Paulo: Ática, 2001.

FEDERIGHI, P.; MELO, A. (Dir.). *Glossário de educação de adultos na Europa*. Lisboa: EAEA, 1999. Disponível em: <http://www.eaea.org/doc/pub/eurPO.pdf>. Acesso em: 3 nov. 2008.

FERRÉS, J. *Vídeo e educação*. Porto Alegre: Artes Médicas, 1996.

FREIRE, P. *Pedagogia do oprimido*. 17. ed. Rio de Janeiro: Paz e Terra, 1987.

GARDNER, H. *A nova ciência da mente*: uma história da revolução cognitiva. 2. ed. São Paulo: Edusp, 1996.

_____. *Estruturas da mente*: a teoria das inteligências múltiplas. Porto Alegre: Artmed, 1994.

GARRISON, D. R.; KANUKA, H. Blended learning: uncovering its transformative potential in higher education. *Internet and Higher Education*, St. Louis, v. 7, n. 2, p. 95-105, Apr./June 2004.

GLOWNIAK, J. V.; BUSHWAY, M. V. Computer networks as a medical resource: acessing and using the Internet. *JAMA - The Journal of the American Medical Association*, Chicago, v. 271, n. 24, p. 1934-1939, June 1994.

GOMES, R. de C. G. *Educação a distância*: uma alternativa para a formação de profissionais da educação e das demais áreas do conhecimento. 2000. Dissertação (Mestrado em Engenharia de Produção) – Universidade Federal de Santa Catarina, Florianópolis, 2000. Disponível em: <http://teses.eps.ufsc.br/defesa/pdf/4930.pdf>. Acesso em: 3 nov. 2008.

GONÇALVES, S. *Teorias da aprendizagem e práticas de ensino*: contributos para a formação de professores. Coimbra: Esec, 2001.

GRÜDTNER, S. I. et al. Acompanhamento ao estudante à distância: curso IPGN, uma experiência de capacitação em larga escala. In: ENCUENTRO INTERNACIONAL VIRTUAL EDUCA. Foro Iberoamenricano de Encuentro. Âmbito Multilateral de Convergência, 2006, Bilbao. *Actas...* Bilbao: Virtual Educa, 2006. Disponível em: <http://ihm.ccadet.unam.mx/virtualeduca2006/pdf/75-SIG.pdf>. Acesso em: 4 nov. 2008.

GUAREZI, R. de C. M. *Sistema de gestão pedagógica*: delineando processos e procedimentos para a qualidade em cursos *e-learning*. 2004. 252 f. Tese (Doutorado em Engenharia de Produção) – Universidade Federal de Santa Catarina, Florianópolis, 2004. Disponível em: <http://tede.ufsc.br/tedesimplificado//tde_busca/arquivo.php?codArquivo=22>. Acesso em: 3 nov. 2008.

GUFFEY, J. S.; RAMPP, L. C. *Learning in 21st century public schools*: andragogy as a catalyst for praxis. 1997. Disponível em: <http://eric.ed.gov/ERICWebPortal/contentdelivery/servlet/ERICServlet?accno=ED41718>. Acesso em: 3 nov. 2008.

GUTIERREZ, F.; PIETRO, D. *A mediação pedagógica*: educação a distância alternativa. São Paulo: Papirus, 1994.

HARASIM, L. On-line education: a new domain. In: MASON, R. D.; KAYE, A. R. (Ed.). *Mindweave*: comunication, computers and distance instruction. Oxford: Pergamon, 1989.

HARTREE, A. Malcom knowles' theory of andragogy: a critique. *International Journal of Lifelong Education*, [S.l.], n. 3, p. 203-210, Apr./June 1984.

HARVEY, D. *Condição pós-moderna*: uma pesquisa sobre as origens da mudança cultural. São Paulo: Loyola, 1993.

HAYDT, R. C. *Avaliação do processo ensino-aprendizagem*. São Paulo: Ática, 1995.

HOLMBERG, B. *Educación a distancia*: situación y perspectivas. Buenos Aires: Kapeluz, 1985.

_____. *Theory and practice of distance education*. New York: Routledge, 1989.

HOLMES, G.; ABINGTON-COOPER, M. Pedagogy vs. Andragogy: a false dichotomy? *The Journal of Technology estudies*, Blacksburg, v. 26, n. 2, p. 50-55, Summer 2000. Disponível em: <http://scholar.lib.vt.edu/ejournals/JOTS/Summer-Fall-2000/pdf/holmes.pdf>. Acesso em: 3 nov. 2008.

HOULE, C. O. *The design of education*. San Francisco: Jossey-Bass, 1972.

IATROS. *Dados, informação e conhecimento*. Disponível em: <http://www.vademecum.com.br/iatros/Saber.htm>. Acesso em: 3 nov. 2008.

IBOPE — Instituto Brasileiro de Opinião Pública e Estatística. *Brasil superou o número de 40 milhões de pessoas com acesso à internet*. 2008. Disponível em: <http://www.ibope.com.br/calandraWeb/servlet/CalandraRedirect?temp=5&proj=PortalIBOPE&pub=T&db=caldb&comp=Notícias&docid=F0BA65FF8A513A48832574750050527E#topo>. Acesso em: 25 nov. 2008.

KEARSLEY, G. Designing educational software for international use. *Journal of Research on Computing in Education*, Eugene, v. 23, n. 2, p. 242-250, 1990.

_____. *Distance education*: a systems view. Belmont: Wadsworth, 1996.

KEEGAN, D. *Foundations of distance education*. 2. ed. Londres: Routledge, 1991.

KENSKI, V. M. *Tecnologias e ensino presencial e a distância*. Campinas: Papirus, 2003.

KERKA, S. *Self-directed learning*: myths and realities. 1999. Disponível em: <http://www.eric.ed.gov/ERICWebPortal/contentdelivery/servlet/ERICServlet?accno=ED435834>. Acesso em: 3 nov. 2008.

KNOWLES, M. S. *The modern practice of adult education*. New York: Cambridge University, 1980.

KOFKA, K. *Princípios de psicologia da Gestalt*. São Paulo: Cultrix, 1975.

KRAEMER, M. E. P. *A avaliação da aprendizagem como processo construtivo de um novo fazer*. 2005. Disponível em: <http://www.gestiopolis.com/Canales4/rrhh/aprendizagem.htm>. Acesso em: 24 nov. 2008.

LAASER, W. Desenho de software para ensino a distância. *Revista Brasileira de Educação a Distância*, Rio de Janeiro, ano 7, n. 46, p. 12-20, 2001.

_____. (Org.). *Manual de criação e elaboração de materiais para educação a distância*. Brasília: Ed. da UnB, 1997.

LAGARTO, J. R. *Formação profissional a distância*. Lisboa: Universidade Aberta, 1994.

LANDIM, C. M. das M. P. F. *Educação a distância*: algumas considerações. Rio de Janeiro: [s.n.], 1997.

LÉVY, P. *As tecnologias da inteligência*: o futuro do pensamento na era da informática. Rio de Janeiro: Edições 34, 1993.

LITTO, F. *Educação a distância é opção para milhões*. 2006. Disponível em: <http://www2.abed.org.br/visualizaDocumento.asp?Documento_ID=183>. Acesso em: 24 out. 2008.

LOBO NETO, F. J. da S. *Educação a distância*: regulamentação, condições de êxito e perspectivas. Disponível em: <http://www.feg.unesp.br/~saad/zip/RegulamentacaodaEducacaoaDistancia_lobo.htm>. Acesso em: 24 nov. 2008.

LONDON, J. Adult education for the 1970's: promise or illusion? *Adult Education Quarterly*, Washington, v. 24, n. 1, p. 60-70, 1973.

MATTAR NETO, J. A. *Metodologia científica na era da informática*. São Paulo: Saraiva, 2002.

MENA MERCHÁN, B.; MARCOS PORRAS, M.; MENA MARCOS, J. J. *Didáctica y nuevas tecnologías en educación*. Madrid: Escuela Española, 2002.

MERRIAM, S. B. Andragogy and self-directed learning. In: _____. (Ed.). *The new update on adult learning theory*: new directions for adult and continuing education. San Francisco: Jossey-Bass, 2001.

MIZUKAMI, M. da G. N. *Ensino*: as abordagens do processo. São Paulo: EPU, 1986.

MOORE, M., KEARSLEY, G. *Distance education*: a systems view. Belmont: Wadsworth, 1996.

MORAN, J. M. *A educação que desejamos*: novos desafios e como chegar lá. Campinas: Papirus, 2007.

_____. *Desafios da internet para o professor*. Disponível em: <http://oca.idbrasil.org.br/wiki2/index.php/TEXTO:_DESAFIOS_DA_INTERNET_PARA_O_PROFESSOR_-_Prof._Jos%C3%A9_M._Moran_-_>. Acesso em: 3 nov. 2008.

MORAN, J. M.; BEHRENS, M. *Novas tecnologias e mediação pedagógica*. Campinas: Papirus, 2000.

MOREIRA, M. A. *Teorias de aprendizagem*. São Paulo: EPU, 1999.

NEVES, A. M. M.; CUNHA FILHO, P. C. (Org.). *Projeto Virtus*: educação e interdisciplinaridade no ciberespaço. São Paulo: Ed. da Universidade Morumbi, 2000.

NONAKA, I.; TAKEUCHI, H. *Criação de conhecimento na empresa*: como as empresas japonesas geram a dinâmica da inovação. Rio de Janeiro: Campus, 1997.

NOVAK, J. D. *Uma teoria de educação*. São Paulo: Pioneira, 1981.

NUNES, I. B. Noções de educação a distância. *Revista Educação a Distância*, Brasília, n. 4/5, p. 7-25, dez./abr. 1993-1994.

_____. _____. Disponível em: <http://www.rau-tu.unicamp.br/nou-rau/ead/document/?view=3>. Acesso em: 21 nov. 2008.

OZMON, H. A. *Fundamentos filosóficos da educação*. 6. ed. Porto Alegre: Artmed, 2004.

PENTEADO, M. et al. *A informática em ação*: formação de professores, pesquisa e extensão. São Paulo: Olho d'Água, 2000.

PETERS, O. *Didática do ensino a distância*. São Leopoldo: Ed. da Unisinos, 2001.

PIAGET, J. *The science of education and the psychology of the Child*. New York: Grossman, 1970.

PIMENTEL, M. G.; ANDRADE, L. C. V. de. *Educação a distância*: mecanismos para classificação e análise. Disponível em: <http://www.abed.org.br/publique/cgi/cgilua.exe/sys/start.htm?UserActiveTemplate=4abed&infoid=168&sid=106&tpl=printerview>. Acesso em: 29 out. 2008.

POLANYI, M. *Personal knowledge*: towards a post-critical philosophy. 5. ed. Chicago: University of Chicago Press, 1974.

POZO, J. I. *Teorias cognitivas da aprendizagem*. 3. ed. Porto Alegre: Artes Médicas, 1998.

PRETTI, O. (Org.). *Educação a distância*: inícios e indícios de um percurso. Cuiabá: Ed. da UFMT, 1996.

ROGERS, C. *A terapia centrada no paciente*. Lisboa: Moraes Editores, 1974.

_____. *Liberdade de aprender em nossa década*. 2. ed. Porto Alegre: Artes Médicas, 1986.

ROMISZOWSKI, A. J.; ROMISZOWSKI, H. P. *Dicionário de terminologia de educação a distância*. 1997. Disponível em: <http://www.escolanet.com.br/dicionario/dicionario.html>. Acesso em: 21 nov. 2008.

_____._____. Rio de Janeiro: [s.n.], 1998. Disponível em: <http://www.abed.org.br/rbaad/dicionario.pdf>. Acesso em: 21 nov. 2008.

RUMBLE, G.; OLIVEIRA, J. *Vocational education at a distance*: international perspectives. London: Kogan Page, 1992.

SABINO, F. *O encontro marcado*. Rio de Janeiro: Record, 1978.

SALMON, G. *E-moderating*: the key to teaching and learning online. London: Kogan Page, 2000.

SANTOS, A. C. C. *Recursos computacionais para educação a distância*. 1998. Dissertação (Mestrado em Psicologia e Educação) – Universidade do Oeste Paulista, Presidente Prudente, 1998.

SERAFIM FILHO, P. A gestão do conhecimento e a motivação nas organizações. *Insight Informal*, Rio de Janeiro, jan. 1999. Disponível em: <http://www.informal.com.br/pls/portal/url/ITEM/E14B7FAEF124BDEEE030000A0501562D>. Acesso em: 3 nov. 2008.

SEWART, D.; KEEGAN, D.; HOLMBERG, B. (Ed.). *Distance education*: international perspectives. London: Routllege, 1991.

SIPE, E. Adult education in the congregation: an andragogical approach. *Lutheran Education*, River Forest, v. 137, n. 2, p. 87-94, Winter 2001.

SOUZA, M. C. S. de. Desenvolvimento e recuperação do conhecimento em sistemas de ensino a distância. In: PROCEEDINGS CINFORM – ENCONTRO NACIONAL DE CIÊNCIA DA INFORMAÇÃO, 4., 2003, Salvador. Disponível em: <http://dici.ibict.br/archive/00000592/01/desenvolvimento_e_recupera%C3%A7%C3%A3o.pdf>. Acesso em: 24 nov. 2008.

SVEIBY, K. *What is Knowledge Management?* Disponível em: <http://www.sveiby.com/portals/0/articles/knowledgemanagement.html>. Acesso em: 3 nov. 2008.

TORI, R.; FERREIRA, M. A. G. V. Educação sem a distância em cursos de informática. In: CONGRESSO NACIONAL DA SOCIEDADE BRASILEIRA DE COMPUTAÇÃO, 19., 1999, Rio de Janeiro. *Anais...* Rio de Janeiro: EntreLugar, 1999. v. 1.

UNICAMP — Universidade Estadual de Campinas. Equipe de ensino a distância do centro de computação. *Glossário de termos de EaD*. 2007. v. 3. Disponível em: <http://www.iar.unicamp.br/lab/luz/ld/gloss%E1rio%20EAD.pdf>. Acesso em: 21 nov. 2008.

VALENTE, J. A. (Org.). *Computadores e conhecimento*: repensando a educação. Campinas: Ed. da Unicamp, 1998.

VASKE, J. M. *Critical thinking in adult education*: an elusive quest for a definition of the field. Des Moines: Drake University, 2001.

VIGOTSKI, L. S. *Mind in society*: the development of higher psychological process. Cambridge: Harvard University, 1979.

WADSWORTH, B. *Inteligência e afetividade da criança*. 4. ed. São Paulo: Enio Matheus Guazzelli, 1996.

Sobre as autoras

Rita de Cássia Menegaz Guarezi é graduada em Pedagogia pela Universidade do Sul de Santa Catarina (Unisul) e doutora em Mídia e Conhecimento pela Universidade Federal de Santa Catarina (UFSC). Atuou como professora nos diferentes níveis de ensino. Foi professora de Pedagogia na UFSC e na Universidade do Vale do Itajaí (Univali). Coordenou projetos de pós-graduação pela internet na UFSC, enquanto desenvolvia sua pesquisa de doutorado em processos de educação a distância (EaD), entre os anos de 2000 e 2004. Atualmente, é diretora-superintendente do Instituto de Estudos Avançados (IEA), organização em que atua há mais de 13 anos na área de EaD.

Márcia Maria de Matos é graduada em Comunicação Social pela Universidade Federal de Minas Gerais (UFMG) e pós-graduada em EaD pela Universidade Católica de Brasília (UCB). É funcionária do Serviço Brasileiro de Apoio às Micro e Pequenas empresas (Sebrae) há 18 anos, onde já exerceu a gerência de tecnologia da informação e coordenou projetos de atendimento e orientação empresarial. Atualmente coordena a execução dos cursos do Sebrae pela internet e atua diretamente em todos os projetos voltados para a *web*. Mantém um *blog* sobre educação, disponível em: <http://www.semdistancia.wordpress.com>.

Impressão: Cargraphics
Setembro/2012